Bildnachweis

Umschlagabbildungen: Studio Klaus Arras, Köln: Mitte rechts, unten rechts; mauritius images GmbH, Mittenwald: alle übrigen
Innenteil: Studio Klaus Arras, Köln: S. 6, 7, 8, 10, 11, 12, 21, 54, 59, 61, 63, 71, 89; mauritius images, Mittenwald: S. 44;
TLC Fotostudio: alle übrigen Rezeptfotos

Emil-Hoffmann-Straße 1, 50996 Köln
Autor Weinporträts: Wolfgang Hubert
Gesamtherstellung: Naumann & Göbel Verlagsgesellschaft mbH, Köln

ISBN 978-3-625-12220-3
www.naumann-goebel.de

Welcher Wein wozu?

Die besten Kombinationen
von Wein & Speisen

INHALT

VORWORT

Wein zum Essen

Essen macht Spaß, Wein trinken ebenfalls. Nun ist zwar Nahrung lebensnotwendig, im Gegensatz zum Wein, aber beides miteinander zu verbinden, ist mehr als nur ein doppeltes Vergnügen. Der richtige Wein zum Essen kann das Geschmackserlebnis so steigern, dass man sich fragt, warum man beides nicht schon immer kombiniert hat. Außerdem ist es zweifelsohne ein sehr schöner Bestandteil unserer Kultur, über Wein zu reden und ihn zu genießen. Auch unter gesundheitlichen Aspekten gilt gemäßigtes Weintrinken in der Regel als lobenswert. Denn dieses Getränk enthält nicht nur Mineralstoffe und Vitamine, sondern kann auch die Verdauung unterstützen und im Optimalfall vor Herzinfarkten schützen. Kurzum, Wein ist eine Art kultureller Lebenskraft, die jedem, der sich damit genüsslich befasst, und sei es nur indem man sich ein Glas einschenkt, schöne Stunden schenken kann.

Die Frage, welchen Wein man dabei bevorzugen sollte, kann einfach beantwortet werden: Man kauft, was einem schmeckt. Aber sobald man Wein zum Essen trinken will, wird es ein bisschen schwieriger. Nicht jeder Wein passt auch zu jedem Essen. Das haben wohl schon alle einmal selbst erfahren. Wer seinen Lieblingswein sowohl zu

Fisch, Pizza, Gans und Wildbraten getrunken hat, wird festgestellt haben, dass diese Kombination mal besonders gut, mal einigermaßen und mal überhaupt nicht geschmeckt hat. Es gibt daher einige Regeln, der bei der Auswahl zu beachten sind, um die Kombination Essen und Wein zu optimieren. Aber keine Sorge, dabei handelt es sich nicht um strenge Vorschriften, deren Zuwiderhandlung sofort mit einem Verlust des öffentlichen Ansehens oder der nachhaltigen Beeinträchtigung der Geschmacksnerven bestraft wird.

Rotwein zum Fisch

Wein passt eigentlich zu jedem Essen. Aber da es unzählige verschiedene Gerichte und mindestens ebenso viele Weine gibt, ist die Frage „Was passt wozu?" nicht in einem Satz aufzulösen. Generell kann man sagen, dass zu Fisch im Prinzip stets trockener Weißwein gereicht werden kann – aber nicht muss. Die Zeit der eisernen Dogmen ist auch in der Küche vorbei.

Die Säure eines Weißweines bildet zwar ein gutes Gegengewicht zu den Aromen von Fisch und Meeresfrüchten, doch zu geschmacksintensiveren Fischen, wie zum Beispiel Lachs oder Tunfisch, eignen sich auch leichtere Rotweine, vor allem, wenn sie leicht gekühlt bei rund 14 bis 16°C getrunken werden. Eine gute Alternative sind darüber hinaus immer Roséweine, sofern sie trocken ausgebaut sind. Der Gedanke, ein Süßwasserfisch vertrage auch süße Weine, ist ein Irrglaube. Ein lieblicher Wein zum Fisch ist ein Abenteuer, das man nicht unbedingt bestehen muss. Nur wer ausschließlich möglichst süße Weine mag und am liebsten Zucker in einen trockenen Wein geben würde, kann ruhig einmal ein Gläschen zum Matjesfilet trinken – und dann feststellen, dass ein Bier oder Wasser sich doch besser damit verträgt. Wer Weine mit einem höheren Restzuckergehalt, ob halbtrocken oder lieblich, auch zum Essen bevorzugt, wählt idealerweise gut gewürzte Gerichte dazu, insbesondere aus der asiatischen Küche, oder Speisen mit vielen Bitterstoffen. Denn die Weinsäure intensiviert den bitteren oder sehr würzigen Geschmack, während die Süße eines Weins diese Aromen besser parieren kann und so für eine geschmackliche Harmonie sorgt.

Gans mit Weißwein

Der klassische Gänsebraten schmeckt im allgemeinen am besten mit roten Weinen, ebenso wie die Ente. Besonders eignen sich kräftige Rotweine, Spätburgunder, ein Chianti, Weine aus Bordeaux, ein Rioja, aber auch ein südafrikanischer Pinotage, ein Merlot aus Übersee, ein australischer Shiraz oder ein Cabernet Sauvignon aus Kalifornien. Dennoch ist der Rotwein hier keineswegs ein Muss. Gehaltvolle Weißweine wie beispielsweise ein Chardonnay aus Übersee oder ein kräftiger Grauer Burgunder sind durchaus würdige Begleiter.

Zu Wild und Wildgeflügel eignen sich ebenfalls am besten geschmacksintensive Rotweine, da auch die Beilagen zu diesen Gerichten zumeist kraftvolle Aromen aufweisen. Doch auch hier kann man ruhig einmal mit alkoholstarken Weißweinen experimentieren. Speziell Weiße und Graue Burgunder oder ein Chardonnay können durchaus Spaß bereiten. Wer mehr als ein Weinglas pro Person im Schrank stehen hat, kann ruhig einmal je einen Rot- und Weißwein zu diesen Gerichten reichen und dann selbst entscheiden, was ihm am besten schmeckt. Zur Not lässt sich der weniger passende Wein auch noch später trinken.

Helles Fleisch zu Rotwein

Keine Regel ohne Ausnahme, das gilt heute grundsätzlich bei allen Kombinationen von Wein mit Speisen. So schmecken leichtere Rotweine durchaus auch gut zu einem Schweine- oder Kalbsbraten, zu Huhn und Putenbrust. Üblicherweise jedoch reicht man Weißwein.

Zum Rinderbraten oder Rindsrouladen dagegen eignen sich eher mittelkräftige bis kräftige rote Tropfen, das kann ein Tempranillo sein, ein Lemberger, Spätburgunder oder Dornfelder. Ebenso passen Merlot, Cabernet Sauvignon und andere ausländische Rebsorten. Ein Rindersteak wiederum verlangt nach einem kraftvollen Rotwein, hier sind besonders Syrah, Shiraz oder Cabernet Sauvignon die erste Wahl.

Weine zum Dessert

Im Prinzip ist die Frage, was zu Desserts am besten passt, leicht zu beantworten: ein süßer Wein. Natürlich lässt sich auch dies weiter differenzieren. Zu Weihnachtsplätzchen, die Zimt, Sternanis oder Gewürznelken enthalten, schmecken würzigere liebliche oder edelsüße Weine wie Muskateller oder Gewürztraminer gut. Desserts oder Backwaren mit Früchten wiederum vertragen sich am besten mit Süßweinen, die auch eine kräftigere Säure haben – der Riesling ist hierbei die erste Wahl. Besonders fette und schwere Desserts kann man auch mit kraftvollen süßen Weinen kombinieren, z. B. Ruländer, oder man gönnt sich eine Beerenauslese dazu.

Etwas schwieriger wird es bei Nachspeisen, die von Schokolade dominiert sind. Dazu passen meist säurearme, kraftvolle und alkoholreiche Rotweine, gelegentlich auch liebliche Weißweine in Spät- und Auslesequalitäten. Bei Bitterschokolade sollte der Wein neben viel Süße auch einen hohen Alkoholgehalt aufweisen.

Eine gute Wahl bei Desserts aller Art sind stets rote Portweine, die neben durchschnittlich 20 Volumenprozent Alkohol eine angenehme Restsüße aufweisen, die selbst von Trockentrinkern in der Regel nicht als unangenehm oder gar pappig empfunden wird.

Snacks und Wein

Zu kleineren Gerichten jeder Art, z. B. Fingerfood, Tapas und Käse eignen sich – neben dem fast schon obligatorischen Prosecco Frizzante – leichte Weine; in kalten Monaten eher Rot- als Weißweine. Also keine alkoholbetonten Barriquebomben, die die Gäste bereits nach dem zweiten Glas außer Gefecht setzen könnten, vor allem aber den Gaumen in Bezug auf Snacks und leichte Partygerichte beeinträchtigen. Spätburgunder, Chianti oder Tempranillo etwa kommen in der Regel bei Festen jeder Art gut an. Da aber nicht alle Gäste Rotwein mögen oder vertragen, sollten als Alternative noch mindestens ein Weißwein und in wärmeren Monaten am besten auch noch ein Rosé bereitstehen.

Zu den unkomplizierten Speisenbegleitern zählen aufgrund ihrer geschmacklichen Zurückhaltung vor allem Weiß- und Grauburgunder, entsprechend auch die italienischen Sorten Pinot Bianco und Pinot Grigio oder, für Liebhaber französischer Weine, Pinot Blanc und Pinot Gris. Daneben empfiehlt sich ein frischer Chardonnay oder Sauvignon Blanc. An heißen Tagen sollten bevorzugt frische, fruchtige Weißweine und Roséweine angeboten werden.

Bei Sushi, und asiatischem Fingerfood generell, ist es ratsam, Weißweine mit Restsüße, am besten halbtrockener Art, einzusetzen, sie vertragen die Aromen der asiatischen Küche am besten. Wer hier eine Alternative zum Riesling sucht, wird beim Gewürztraminer, der Scheurebe oder einem Ruländer fündig.

Sofern nicht nur leichte Gerichte vorgesehen sind, darf man seinen Gästen auch einmal weiße oder rote Barriqueweine anbieten. Dennoch sollte man außerdem leichtere Weine als Alternative bereithalten, da nicht jeder Weine mit Holznoten mag und man Gästen nicht seinen eigenen Geschmack aufdrängen sollte.

Was die Weinauswahl zum Käse betrifft, kann man sich von der früher gepflegten Praxis, dass es nur ein Rotwein sein dürfe, völlig verabschieden. Viele beliebte Käsesorten harmonieren nämlich hervorragend mit Weißweinen, speziell mit den trockenen Varianten. Unseren Weinporträts haben wir deshalb auch eine eigene Rubrik zugefügt, die den passenden Käse empfiehlt.

Weine zu Salaten und Suppen

Zu den schwierigsten Kapiteln des Themas „Wein zum Essen" zählen Suppen und Salate. Generell, so hieß es früher, trinkt man gar keinen Wein zu einer Suppe, da sie bereits genügend Flüssigkeit enthält. Nun, das braucht man nicht mehr so eng zu sehen, denn zu Fischsuppen passen durchaus Weißer und Grauer Burgunder oder ein Chardonnay, manchmal auch ein Sauvignon Blanc. Zu Suppen, die bereits Wein enthalten, reicht man am besten auch denselben Wein. Mit einer Spargelsuppe wiederum harmonieren durchaus Silvaner oder ein trockener bis halbtrockener Riesling. Zur Kartoffelsuppe kann sich ein leichter Rotwein eignen, zur Linsensuppe mit Wurst oder zur Gulaschsuppe wiederum darf es ruhig ein kraftvoller Roter sein.

Da Salate oft einen deutlichen Essig- oder Zitronengeschmack besitzen, reicht man tatsächlich entweder gar keinen Wein oder einen säurearmen Weißwein wie etwa Müller-Thurgau oder Silvaner. Die Säure des Dressings kann bei einen säurereichen Wein, wie z. B. Riesling, im Mund einen unangenehm säuerlichen Geschmack verursachen. Lässt man aber den Essig am Salat weg, kann man getrost einen Wein mit betonter Säure dazu reichen.

Starre Regeln gibt es also heute nicht mehr. Wer sich dennoch an ein paar gängige Tipps halten will, kann sich einfach Folgendes merken: Säure und Bitterstoffe im Essen und im Wein verstärken sich gegenseitig. Wer keine Lust auf Experimente hat, sollte daher zu Gerichten mit vielen Bitterstoffen, Säure, aber auch Salz eher Weine mit geringer Säure oder halbtrockene Weine reichen. Eher mild schmeckende Speisen wiederum vertragen sich gut mit säurebetonten Weißweinen, das gilt gerade auch beim Fisch, oder mit kräftigen Rotweinen, die vor allem zu dunklem Fleisch passen.

Um Ihnen die Weinauswahl möglichst zu erleichtern, stellen wir auf den folgenden Seiten nicht nur verschiedenste Weine vor, sondern jeweils auch ein speziell dazu passendes Rezept. Zusätzlich werden in den Weinporträts weitere Gerichte aufgeführt, die sehr gut mit dem jeweiligen Wein harmonieren.

Weißweine

Weißweine schmecken nicht nur im Sommer. Fast alle auf den kommenden Seiten präsentierten Weine sind vielmehr fruchtige, erfrischende Begleiter durch das ganze Jahr. Sie schmecken je nach Sorte hervorragend zu Vorspeisen, hellem Fleisch, zu Fischgerichten und zu diversen Käsesorten.

CHARDONNAY *Frankreich*

Chardonnay ist eine der populärsten weißen Rebsorten der Welt. Die Weine eignen sich für viele Trinkanlässe und passen besonders gut zu Fisch und Meeresfrüchten.

Wissenswertes

Wie viele andere alte Rebsorten hat auch der Chardonnay seinen Ursprung im vorderasiatischen Raum. Mit der Ausbreitung der Weinkultur kam die Sorte nach Frankreich und fand insbesondere im Burgund eine neue Heimat. Die Siedlung Chardonnay bei Tournus könnte der Rebsorte schließlich ihren Namen gegeben haben. Im Burgund kümmerten sich anfangs die Klöster um ihre Ausbreitung und Pflege.
Ursprünglich stand Chardonnay nahezu ausschließlich für große, teure Weißweine aus dem Burgund. Doch mit der Zeit breitete sich die Sorte in fast allen anderen französischen Regionen aus, da sie unter den verschiedensten Klimabedingungen stets gute Erträge liefert und gegen die meisten Rebstockkrankheiten nicht besonders anfällig ist. So richtig bekannt wurde der Chardonnay aber erst ab den 1980er Jahren, als es in Frankreich allmählich Mode wurde, auf den Etiketten nicht nur die Lage oder einen Weinnamen zu vermerken, sondern auch die Rebsorte anzugeben.

Die Hauptaromen

Ein Chardonnay aus Frankreich duftet in der Regel zart nach Melonen, exotischen Früchten und reifen Stachelbeeren, gelegentlich auch nach Äpfeln. Die Säure ist meistens unaufdringlich.

Die Besonderheiten

Der Chardonnay eignet sich auch sehr gut zur Versektung. So gibt es etliche französische Schaumweine, Cremants genannt, die Chardonnay enthalten. In der Champagne spielt die Rebsorte sogar neben dem Pinot Noir eine essentielle Rolle. Einige der berühmtesten Champagner bestehen sogar aus 100 Prozent Chardonnay.

Die beste Trinktemperatur

8–10°C

Käseempfehlung

Ein Chardonnay passt herrlich zu Ziegenkäse. Auch Schafskäse und Briekäse, da darf es auch ein etwas kräftigerer sein, harmonieren gut mit diesem Wein. Er schmeckt außerdem zu einem jungen Gouda oder zu Edamer.

Zu diesen Speisen passt der Wein

Quiche
Pilzgerichte jeder Art
gedünsteter Fisch
gebratener Fisch
Meeresfrüchte
Geflügelgerichte
helles Fleisch

BANDNUDELN MIT PFIFFERLINGSSAUCE

Für 4 Portionen

400 g Bandnudeln
100 g durchwachsener Speck
2 El Öl
25 g Butter
2 Zwiebeln
500 g frische Pfifferlinge
150 g Crème fraîche
Salz, Pfeffer
½ Bund Schnittlauch
1 El Majoranblättchen, gehackt

Die Bandnudeln bissfest garen. Den Speck in Streifen schneiden. Öl erhitzen und die Speckstreifen darin kross braten, herausnehmen und auf Küchenpapier abtropfen lassen.

Die Zwiebeln schälen und würfeln. Die Pfifferlinge putzen, kurz waschen und klein schneiden. Die Butter im Bratfett schmelzen, Zwiebeln und Pfifferlinge zugeben und unter Rühren braten, bis die Flüssigkeit verkocht ist. Dann die Crème fraîche und die Speckstreifen hinzu geben, mit Salz und Pfeffer würzen.

Den Schnittlauch waschen, trocknen, in Röllchen schneiden und mit den Majoranblättchen zu den Pfifferlingen geben, unterheben. Anschließend die Sauce über die abgetropften Bandnudeln geben.

Zubereitungszeit:
ca. 30 Minuten (plus Brat- und Garzeit)

CHARDONNAY *Kalifornien*

Die kalifornischen Chardonnays sind im Allgemeinen kräftiger und körperreicher als ihre Verwandten aus den europäischen Ländern. Sie eignen sich daher zu kräftigeren Speisen.

Wissenswertes

Die Ureinwohner Kaliforniens kannten keinen Wein und auch Columbus führte keine Weinstöcke mit an Bord. Die ersten Reben brachte erst der spanische Mönch Junipero Serra 1769 ins heutige Gebiet von San Diego. 1830 umfassten die Rebflächen der Missionsstation etwa 150 Hektar. Aber den eigentlichen Grundstein für den kalifornischen Weinbau legte erst der Ungar Agoston Haraszthy. Mitte des 19. Jahrhunderts gründete er in Sonoma ein Weingut namens Buena Vista. Um seine 224 Hektar Rebflächen optimal auszunutzen, ließ er 100.000 Rebstöcke verschiedenster Sorten aus Europa kommen. Deren Ableger verkaufte er später an benachbarte Weinbauern und löste somit allmählich einen Weinboom in den Staaten aus.

Zu den Weinmachern der ersten Stunde zählten übrigens auch deutschstämmige Kellerkünstler wie Jakob Beringer, Charles Krug oder Joseph Schram.

Die Hauptaromen

Gegenüber seinem französischen Verwandten ist der Chardonnay aus Kalifornien kraftvoller im Geschmack und wirkt durch seinen oftmals höheren Alkoholgehalt etwas süßlicher. Auch seine Aromen sind meistens etwas ausgeprägter. Im Vordergrund stehen feine Noten von tropischen Früchten und würzige Anklänge, mitunter außerdem Pfirsich und Blüten.

Die Besonderheiten

Neben den in Edelstahltanks ausgebauten Chardonnays gibt es auch einige, die durch die Lagerung in kleinen Fässern oder mittels kleinen Holzstückchen zusätzlich mehr oder weniger zarte Aromen aufweisen. Typisch dafür sind vor allem Noten von Vanille und feiner Butter, die auch im Mund wahrzunehmen sind.

Die beste Trinktemperatur

9–11°C

Käseempfehlung

Der etwas kräftigere Chardonnay aus Übersee schmeckt gut zu Schafskäse und kräftigem Brie. Außerdem passt er zu Ziegenkäse, Gouda und Edamer.

Zu diesen Speisen passt der Wein

Meeresfrüchte
gedünsteter Fisch
gebratener Fisch
Fisch mit hellen Saucen
Pilzgerichte jeder Art
gebratenes Geflügel
helle, kräftige Fleischgerichte

GEBRATENE GARNELEN MIT KRÄUTERN

Für 4 Portionen

12 rohe Garnelen mit Schale
Salz
Pfeffer
Olivenöl
2 Schalotten
1 Knoblauchzehe
4 El Zitronensaft
200 ml Hühnerbrühe
4 El frisch gehackte Kräuter (Dill, Kerbel)
100 g kalte Butter

Die Garnelen von Köpfen und Schalen befreien. Den Hinterleib mit einem sehr scharfen Messer aufschneiden und den Darm entfernen. Garnelen waschen, trocken tupfen und mit Salz und Pfeffer würzen.

In 3 El heißem Olivenöl von jeder Seite etwa 2 Minuten braten. Herausnehmen und beiseitestellen. Die Schalotten und die Knoblauchzehe schälen und fein hacken. Anschließend in 1 El heißem Olivenöl andünsten. Mit Zitronensaft und Hühnerbrühe ablöschen.

Kräuter und die kalte Butter mit dem Schneebesen einrühren. Die Garnelen hinzufügen und noch 1 Minute darin erwärmen.

Zubereitungszeit: ca. 25 Minuten

FRASCATI *Italien*

Der meist goldgelbe Wein ist angenehm frisch und fruchtig. In der Küche eignet er sich bestens zu italienischen Vorspeisen, aber auch zu hellem Fleisch und zu Fischgerichten.

Wissenswertes

Rund um die Stadt Rom liegt die Region Latium, und Frascati, vor den Toren der Hauptstadt gelegen, gilt als ein Weinbaugebiet für fruchtig, erfrischende weiße Weine. Es ist eine Gegend mit sehr langer Tradition in der Weinbereitung und einem ebenso lange bestehenden ausgezeichneten Ruf. In der Stadt Rom gab es nämlich bereits im Jahre 1450, urkundlich belegt, nicht weniger als 1.022 Tavernen, die überwiegend von Winzern und Weinbauern aus Frascati beliefert wurden. Das hatte damals bereits Tradition, denn dieser Weißwein war sozusagen schon seit der Stadtgründung Roms das tägliche Getränk der Einwohner.

Die Zone Frascati, seit 1966 mit dem Status der Herkunftsbezeichnung DOC versehen, verfügt heute über knapp 3.000 Hektar Rebflächen. Der Wein selbst zählt zu den bekanntesten italienischen Weißweinen und wird weltweit exportiert. Nördlich von Frascati gibt es übrigens noch einen weiteren bekannten Weißwein, den Est!Est!!Est!!!.

Die Hauptaromen

Der Wein kann aus einer Anzahl verschiedener Rebsorten bestehen wie etwa Malvasia del Lazio, Grechetto oder Trebbiano. In der Regel werden bis zu sechs Sorten verwendet. Meistens duftet der Frascati nach exotischen Früchten, Blumen und Nüssen. Im Mund präsentiert er sich häufig trocken, frisch, mit dezenter Säure und Anklängen von Birnen und Mandeln.

Die Besonderheiten

Der Alkoholgehalt des Frascati muss mindestens 11 Volumenprozent betragen. Bei einem Mindestalkoholgehalt von 11,5 Prozent darf der Wein die Bezeichnung Superiore tragen.

Die beste Trinktemperatur

9–11°C

Käseempfehlung

Der Frascati ist an sich nicht optimal zu einer Käseplatte geeignet. Man kann aber durchaus milden Butterkäse, jungen Peccorino, einen nicht zu kräftigen Weichkäse mit Rotflora oder einen Gouda dazu servieren.

Zu diesen Speisen passt der Wein

italienische Wurstplatte
roher Schinken
leichte Fischsuppen
gekochter Fisch
Fisch in Weinsauce
Geflügelgerichte
helles Fleisch

BRASSE AUF BUNTEM GEMÜSE

Für 4 Portionen

1,2 kg küchenfertige Brasse
3 El Zitronensaft
Salz
Pfeffer
4–6 Knoblauchzehen
1 unbehandelte Zitrone
je 1 gelbe, rote und grüne Paprikaschote
2 sehr kleine Zucchini
600 g Fleischtomaten
1 Bund Petersilie
2 Zweige Rosmarin
175 ml trockener Weißwein
4–5 El Olivenöl

Den Backofen auf 200 °C vorheizen. Den Fisch innen und außen mit Zitronensaft beträufeln, anschließend salzen und pfeffern. Knoblauch schälen, 3 Zehen der Länge nach halbieren. Zitrone heiß abwaschen, abtrocknen und in 6 Scheiben schneiden.

Mit einem scharfen Messer in jede Seite des Fisches 3 Kerben schneiden. Darin je 1 halbierte Knoblauchzehe und 1 Zitronenscheibe stecken.

Paprika putzen, waschen, halbieren und in schmale Streifen schneiden. Zucchini waschen und in dünne Scheiben schneiden. Tomaten kreuzweise einritzen, mit kochendem Wasser überbrühen, anschließend häuten, halbieren, Stielansatz entfernen und grob würfeln.

Petersilie und Rosmarin waschen, trockenschütteln und die Blättchen fein hacken. Mit dem Gemüse vermischen und restlichen Knoblauch dazupressen. Salzen, pfeffern und in eine große Auflaufform geben, Wein angießen.

Fisch auf das Gemüsebett legen und mit Olivenöl begießen. Zugedeckt im Backofen bei 200 °C ca. 15 Minuten garen. Form öffnen und bei 180 °C ca. 25 Minuten weitergaren. In der Form servieren.

Zubereitungszeit:
ca. 25 Minuten (plus Garzeit)

GRAUER BURGUNDER *Deutschland*

Grauburgunder sind in der Regel trocken, mittelkräftig und feine Speisenbegleiter. Als Synonym unter dem Namen Ruländer dagegen werden meist Weine mit betonter Süße angeboten.

Wissenswertes

Von Burgund aus gelangte die Sorte, die dort Pinot Gris heißt, zuerst in die Schweiz und nach Ungarn, und vermutlich von dort im 14. Jahrhundert in unsere Regionen. Die Bezeichnung „Ruländer" geht auf den Kaufmann Johann Ruland zurück, der 1711 im pfälzischen Städtchen Speyer in einem Garten die ihm unbekannten Burgunderreben vorfand und vermehrte. Im Gegensatz zum Weißen Burgunder ist der Graue etwas kräftiger im Geschmack (siehe S. 42). Die französische Bezeichnung Pinot geht auf das französische „pin" (Kiefer) zurück und beschreibt die an Kieferzapfen erinnernde Traubenform.

Die Hauptaromen

Der Grauburgunder reift meistens im Edelstahltank, gelegentlich wird er auch im Barrique ausgebaut . Er ist meist trocken, vollmundig und etwas säurebetont. Im Gegensatz dazu weist der Ruländer eine deutliche Süße auf. Je nach Ausbaumethode und Qualitätsstufe ist das Farbbild blassgelb, goldgelb oder gar bernsteinfarben. Der Grauburgunder duftet meist nach grünen Nüssen, Mandeln, frischer Butter. Bei den kräftigeren Varianten sind auch Aromen von Birnen, Trockenobst, Rosinen, Ananas und Zitrusfrüchten vorhanden. Daneben können außerdem noch Anklänge von grünen Bohnen oder Paprikaschoten zu riechen sein.

Die Besonderheiten

Der Grauburgunder ist ein wahres Universalgenie. Ein junger, leichter, trockener bis halbtrockener Typ ist als Sommerwein gut geeignet. Trockene Kabinettweine und Spätlesen harmonieren gut mit Meeresfrüchten, Seefisch, Pasta, Lamm, Wildgeflügel und Jungwild sowie reifem Weichkäse. Der süße Ruländer dagegen passt gut zu Desserts mit Honig, Mandeln oder Marzipan.

Die beste Trinktemperatur

8–10°C

Käseempfehlung

Dieser Wein harmoniert besonders mit einem milden, jungen Blauschimmelkäse und auch gegenüber reifem Weichkäse, Tilsiter und Edamer macht er eine gute Figur. Ein junger Emmentaler kann ebenfalls dazu passen.

Zu diesen Speisen passt der Wein

Fischsuppen
kräftiger Seefisch
Pasta mit hellen Saucen
Linsengerichte
Schweinebraten

KARTOFFEL-LACHS-QUICHE

Für 4 Portionen

ca. 400 g Kartoffeln
250 g Brokkoliröschen
Salz
100 g Höhlenkäse
350 g Magerquark
3 Eier
1–2 Tl Senf
3 Rosmarinzweige
150 g Stremellachs, gewürfelt
1 TL Oregano
4 TL Rapsöl
Pfeffer
2 rechteckige Yufka- oder Filo-Teigblätter (160 g)
Fett für die Form

Die Kartoffeln waschen und ca. 20 Minuten vorgaren. Dann abgießen und ausdampfen lassen. Brokkoli waschen und ca. 2 Minuten in kochendem Salzwasser blanchieren. Abgießen, kalt abschrecken und abtropfen lassen. Backofen auf 200 °C (Umluft 180 °C) vorheizen.

Den Käse reiben und mit Quark, Eiern und Senf verrühren. Die Kartoffeln pellen, den Rosmarin waschen, trocken tupfen, die Nadeln abziehen und fein hacken. Die Quarkcreme mit den Kartoffel- und Lachswürfeln, den Kräutern, Salz und 2 TL Öl vermischen und mit Pfeffer abschmecken.

Restliches Öl und 1 EL Wasser verrühren. Teigblätter damit bestreichen und übereinander in eine gefettete Quicheform (Durchmesser 28 cm) legen.

Die Füllung daraufgeben und glatt streichen. Überstehenden Teig innen an den Rand drücken, mit der restlichen Öl-Wasser-Mischung bestreichen und die Quiche ca. 35 Minuten backen.

Zubereitungszeit: ca. 25 Minuten
(plus Koch- und Backzeit)

GRÜNER VELTLINER *Österreich*

Die Weine aus dieser Sorte weisen eine charakteristische würzig-pfeffrige Art auf, die von einer feinen Säure begleitet wird. Besonders gut schmecken sie auch zu Braten oder Fisch.

Wissenswertes

Veltliner, wie die weiße Rebsorte auch gerne abgekürzt wird, ist eine urtypische österreichische Rebe, allerdings von unklarer Herkunft. Man vermutet, dass sie aus einer Kreuzung zwischen Traminer und einer weiteren, noch nicht identifizierten Sorte stammt. Mitte des 19. Jahrhunderts jedenfalls war der Grüne Veltliner in Teilen Niederösterreichs bereits stark verbreitet. Sein Name tauchte erstmals 1855 in einem Dokument auf, setzte sich aber erst in den 1930er Jahren durch. Eine größere Verbreitung begann jedoch erst ab den 1950er Jahren. Heute bedeckt er über ein Drittel der österreichischen Rebflächen. Gelegentlich findet man auch einen Frühroten Veltliner, der etwas kräftiger schmeckt und weniger Säure hat.

Die Hauptaromen

Was Grünen Veltliner so spannend macht, ist sein pfeffriges Aroma in Verbindung mit dem Duft von frischen Kräutern. Gelegentlich zeigt er dazu noch dezente Noten von Aprikosen oder Zitrusfrüchten. Im Mund präsentiert er eine zarte, würzige Art mit erfrischender, manchmal auch knackiger Säure und dem charakteristischen „Pfefferl", wie die Österreicher zu diesem an schwarzen Pfeffer erinnernden Geruch und Geschmack sagen.

Die Besonderheiten

Grüner Veltliner wird sehr gerne beim Heurigen in Österreich als ganz frischer Wein konsumiert. Dabei schmeckt der Wein zwar jung schon attraktiv und lecker, er kann aber auch lange reifen. Selbst nach Jahren verliert er seine Würze im Mund nicht und man hat auch nicht das Gefühl, dass er geruchlich oder geschmacklich „alt" geworden wäre.

Die beste Trinktemperatur

8–10°C

Käseempfehlung

Der Grüne Veltliner zählt zu den Weinen, die mit vielen Käsesorten gut harmonieren. So schmeckt er sehr gut zu milderem Emmentaler, Rahmkäse und Bergkäse. Auch zum Leerdammer kann man ihn trinken.

Zu diesen Speisen passt der Weing

Geräucherter Fisch
Schweinebraten mit Knödel
helle Braten
Gerichte aus dem Wok
Fisch mit Kräutersaucen
Fleisch mit Kräutersaucen

WIENER SCHNITZEL

Für 4 Portionen

4 Kalbsschnitzel (à 150 g)
50 g Mehl
Salz, Pfeffer
3 Eier
1 El Milch
150 g Paniermehl
300 ml Öl
1 unbehandelte Zitrone

Die Kalbsschnitzel waschen, trocken tupfen und sehr flach klopfen (ca. ½ cm dick). Anschließend mit Salz und Pfeffer würzen.

Das Mehl auf einen Teller geben. Auf einem zweiten Teller die Eier mit Milch verquirlen. Das Paniermehl auf einen dritten Teller geben. Die Kalbsschnitzel nacheinander in Mehl, Eiern und Paniermehl wenden und gut festdrücken.

Das Öl in einer Pfanne erhitzen und die Schnitzel darin von beiden Seiten je 3 Minuten braten. Aus der Pfanne nehmen und auf Küchenpapier abtropfen lassen.

Zitrone heiß abwaschen, trocknen und in Scheiben schneiden. Wiener Schnitzel mit Zitronenscheiben servieren. Dazu passt Kartoffelsalat.

Zubereitungszeit: ca. 15 Minuten (plus Bratzeit)

MÜLLER-THURGAU *Deutschland*

Die Weine mit ihrem feinfruchtigen Muskataroma sind süffig, leicht, frisch und bieten einen unkomplizierten Genuss. Meistens passen sie vorzüglich zu zart-aromatischen Speisen.

Wissenswertes

Im Jahre 1882 gelang Professor Hermann Müller aus dem Schweizer Kanton Thurgau ein Zuchterfolg, der lange Zeit für etwas Verwirrung sorgte. Denn in der schweizerischen Forschungsanstalt Wädenswil wurde die Sorte weiterentwickelt und 1913 nach ihrem Züchter benannt. Damals wurde angenommen, dass sie eine Kreuzung aus Riesling und Silvaner sei, weshalb sie im Laufe der Zeit auch unter dem Synonym Rivaner bekannt wurde. Neuere Genuntersuchungen in den letzten Jahren aber deuten zweifelsfrei darauf hin, dass Müller-Thurgau eine Kreuzung von Riesling und Madeleine royale ist. Letztlich verändert diese Tatsache aber nicht den Wein, der mit einem Flächenanteil von 13,5 Prozent nach dem Riesling die Nummer Zwei in der deutschen Anbaufläche ist.

Die Hauptaromen

Die Rebsorte liefert meist säurearme, unkomplizierte, süffige Weine, die manchmal zart nach Blumen duften und ein dezentes bis ausgeprägtes Muskataroma aufweisen. Der Müller-Thurgau ist im Allgemeinen kein lagerfähiger Wein und schmeckt in den ersten zwei Jahren nach der Ernte am besten. Seit wenigen Jahren pflegen manche Winzer aber einen neuen, geschmacklich kräftigeren und fruchtigen Stil. Dann kann der Müller-Thurgau auch eine elegante Säure und eine dichte Frucht aufweisen, deren Aromen an Apfel, Limette, Melone und Ananas erinnern.

Die Besonderheiten

Um sich von dem vor allem früher oft nicht gerade schmeichelhaften Image des Müller-Thurgaus abzusetzen, hat es sich eingebürgert, trockene Weine aus dieser Sorte als Rivaner zu bezeichnen. Ursprünglich sollte dieses Wort nur für hochwertigere Weine verwendet werden, aber mittlerweile wird auch bei Standardqualitäten das Synonym Rivaner eingesetzt.

Die beste Trinktemperatur

8–10°C

Käseempfehlung

Gegenüber den meisten Käsesorten hat es ein Müller-Thurgau nicht leicht. Aber zu Hüttenkäse, Gouda, Tilsiter, oder auch zu halbfestem Schnittkäse, etwa einem milden Butterkäse, kann dieser Wein durchaus überzeugen.

Zu diesen Speisen passt der Wein

gemischte Salate
Salate mit Geflügel
Wurstplatte
gedünsteter Fisch
Eisbein mit Kraut
Schlachtplatte

FLEISCHKÜCHLE MIT KARTOFFELSALAT

Für 4 Portionen

Fleischküchle
1 altbackenes Brötchen
1–2 Zwiebeln
500 g gemischtes Hackfleisch
1–2 Eier
Salz
Pfeffer
1 Tl edelsüßes Paprikapulver
2 El frisch gehackte Petersilie
2 El Butterschmalz

Kartoffelsalat
750 g Kartoffeln
3 Frühlingszwiebeln
150 ml Gemüsebrühe
3 El Weißweinessig
3 El Sonnenblumenöl
Salz, Pfeffer
2 El frisch gehackter Schnittlauch

Das Brötchen in warmem Wasser einweichen. Die Zwiebeln schälen und fein hacken. Das Hackfleisch mit dem ausgedrückten Brötchen, Zwiebeln, Eiern, Salz, Pfeffer, Paprika und Petersilie zu einem glatten Fleischteig vermengen.

Das Butterschmalz erhitzen. Aus dem Fleischteig kleine Küchlein formen und im heißen Fett von beiden Seiten etwa 8 Minuten goldbraun braten. Fleischküchlein zum Kartoffelsalat servieren.

Für den Kartoffelsalat die Kartoffeln waschen und in leicht gesalzenem Wasser etwa 25 Minuten garen, dann abgießen, schälen und in dünne Scheiben schneiden. In eine Schüssel geben und abkühlen lassen.

Frühlingszwiebeln putzen, waschen und in dünne Ringe schneiden. Mit Brühe, Essig und Öl zu den Kartoffeln geben und mit Salz und Pfeffer abschmecken. Schnittlauch unterheben und den Kartoffelsalat 30 Minuten ziehen lassen.

Zubereitungszeit: ca. 30 Minuten (plus Gar-, Ruhe- und Bratzeit)

PINOT GRIGIO *Italien*

Diese Rebsorte heißt in Deutschland Grauer Burgunder und wird in Italien überwiegend als erfrischender, leichter Wein mit zarter Frucht und dezenter Säure ausgebaut.

Wissenswertes

Zu Beginn der 90er Jahre war Pinot Grigio hauptsächlich nur im Münchner Raum, vorwiegend in den so genannten „Schickeria"-Kreisen bekannt. Dort galt er als besonders trendy und durfte auf keiner Party fehlen. Das sprach sich allmählich herum und so kam es, dass im Laufe der Zeit Pinot Grigio als eine Art Kultgetränk angesehen wurde. Das bewog die italienischen Winzer, diese Sorte zunehmend anzubauen und nach Deutschland zu exportieren. Allerdings kamen die früheren, meist teuren Weine aus der Region Friaul, wo sie kräftig und körperreich ausgebaut wurden. Die heutigen, preislich viel günstigeren Weine dagegen stammen hauptsächlich aus anderen Gebieten Norditaliens und sich leichter im Geschmack und im Aroma.

Der Name Pinot Grigio ist für eine ganze Generation von Weintrinkern zum Inbegriff des italienischen Weißweins geworden. Auch wer den Wein selbst noch nie getrunken hat, kennt zumindest den Namen.

Die Hauptaromen

Der typische Pinot Grigio hat ein angenehmes, zartes Aroma von Nüssen und dezente fruchtige Noten, die zumeist Anklänge von Birnen, Zitrusfrüchten und entfernt auch von Ananas aufweisen. Je nach Vorliebe des Winzers haben die Weine zumeist wenig bis sehr dezente Säure. Im Mund präsentieren sich die Weine mit zarter Frucht und leicht würzigen Noten.

Die Besonderheiten

Der wichtigste Unterschied zum Grauen Burgunder besteht vor allem in der etwas dezenteren Aromatik des Weins. Auch klingt der Name weitaus eleganter. Beim Grauburgunder denkt man eher an schlechtes Wetter, bei Pinot Grigio dagegen an Sonne.

Die beste Trinktemperatur

8–10°C

Käseempfehlung

Ein Pinot Grigio schmeckt gut zu einem jungen Peccorino oder einem jungen Emmentaler. Auch zu einem milden Blauschimmelkäse, jungem Camembert, Tilsiter und Edamer oder einem Gouda ist er gut geeignet.

Zu diesen Speisen passt der Wein

Fischsuppen
kräftiger Seefisch
Pizza mit Fisch
Linsengerichte
Schweinebraten
kräftige Eintöpfe

LASAGNE

Für 4 Portionen

1 Zwiebel
1 Möhre
2 El Olivenöl
400 g gemischtes Hackfleisch
1 Tl Thymian, getrocknet
800 g Pizzatomaten (aus der Dose)
Salz
Pfeffer
2 El Butter
4 El Mehl
500 ml Fleischbrühe
150 ml Milch
500 g Lasagneblätter (ohne Vorkochen)
300 g Parmesan

Die Zwiebel und die Möhre schälen und würfeln. Das Olivenöl erhitzen und Zwiebel und Möhre darin andünsten. Das Hackfleisch dazugeben und unter Rühren anbraten. Den Thymian und die Pizzatomaten hinzufügen und mit Salz und Pfeffer würzen.

Aus der Butter und dem Mehl eine Mehlschwitze herstellen und mit der Brühe ablöschen. Sämig einkochen, die Milch einrühren und würzen.

Den Parmesan reiben.

Etwas Sauce in eine gefettete Auflaufform geben, darauf eine Lage Lasagneblätter legen und etwas Hackfleischmasse darauf verteilen. Mit etwas geriebenem Parmesan bestreuen. Den Vorgang wiederholen, bis alles aufgebraucht ist, mit Käse abschließen.

Die Lasagne im Ofen bei 200 °C (Umluft 180 °C) etwa 40 Minuten backen.

Zubereitungszeit:
ca. 30 Minuten (plus Brat- und Garzeit)

PROSECCO *Italien*

Der Prosecco Frizzante zählt schon seit Jahren zu den Lieblingsgetränken der Deutschen. Meist wird er pur getrunken, er passt aber auch gut zu leichten Vorspeisen und zu Fisch.

Wissenswertes

Der Name Prosecco wird oft mit allem gleichgesetzt, was leicht im Glas perlt – ein weit verbreiteter Irrtum. Prosecco ist der Name einer alten Rebsorte aus Venetien, die heute auch in verschiedenen anderen norditalienischen Provinzen angebaut wird. Die besten Qualitäten stammen in der Regel aus dem hügeligen Gebiet zwischen Valdobbiadene und Conegliano und tragen den Zusatz DOC, Denominazione di origine controllata. Steht auf der Flasche die Bezeichnung IGT (Indicazione Geografica Tipica), so handelt es sich um ein Produkt aus anderen Gebieten außerhalb der DOC-Region. Was aber nicht bedeutet, dass dieser Prosecco anders schmecken muss. Tatsächlich sind sie sich sehr ähnlich.

Bemerkenswert ist übrigens die Tatsache, dass viele Prosecci oft eine Restsüße aufweisen, die mehr oder weniger deutlich im halbtrockenen Bereich liegt. Dennoch wird Prosecco eindeutig und positiv mit der Geschmacksrichtung „trocken" assoziiert.

Die Hauptaromen

Prosecco Frizzante, die beliebte italienische Variante des deutschen Perlweins, prickelt leicht im Glas und auf der Zunge – wie der Name schon suggeriert. Prosecco weist im Aroma Anklänge von Äpfeln, Birnen und Zitrusfrüchten auf und hat zumeist eine leichte blumige Note. Geschmacklich sind vorwiegend Apfeltöne und ein Hauch von Akazienhonig sowie ein meist sehr dezenter Bitterton spürbar.

Die Besonderheiten

Prosecco gilt nicht nur in Italien als begehrte Alternative zum kohlensäurehaltigeren Sekt beziehungsweise Spumante und zählt dank seiner Leichtigkeit zu einem chicen, zurückhaltenden Begleiter vom Sektfrühstück bis zum Schlafengehen. Frizzante ohne die Bezeichnung Prosecco kann aus allen möglichen Rebsorten produziert werden.

Die beste Trinktemperatur

6–8°C

Käseempfehlung

Prosecco Frizzante oder andere Perlweine vertragen sich in der Regel nicht besonders gut mit Käse. Dies gilt auch für Sekt und Schaumweine.

Zu diesen Speisen passt der Wein

leichte italienische Vorspeisen
Gerichte mit gekochtem Fisch
gedünsteter Fisch ohne Tomatensauce
Meeresfrüchte

MARINIERTE AUBERGINEN UND PILZE

Für 4 Portionen

500 g kleine Auberginen
500 g Champignons
125 ml Olivenöl
6 Knoblauchzehen
Salz, Pfeffer
2 El frisch gehackte Petersilie
75 ml trockener Weißwein
Saft und Schale von 1 unbeh. Zitrone
½ Bund Thymian

Den Backofen auf 200 °C (Umluft 180 °C) vorheizen. Die Auberginen putzen, waschen und in Scheiben schneiden. Die Pilze putzen und kurz waschen.

Eine Auflaufform mit 3 El Olivenöl ausstreichen. Die Auberginenscheiben in die Auflaufform legen. 4 Knoblauchzehen schälen und hacken. Über die Auberginen streuen und mit 5 El Olivenöl bedecken. Mit Salz und Pfeffer würzen und im Ofen etwa 35 Minuten backen. Danach mit Petersilie mischen und mindestens 1 Stunde ziehen lassen.

3 El Olivenöl in einer Pfanne erhitzen und die Pilze darin gut anschmoren. Restliche Knoblauchzehen schälen und hacken. Mit Wein, Zitronensaft und Zitronenschale zu den Pilzen geben und mitschmoren. Thymian waschen, trockenschütteln und im Ganzen in die Pfanne legen. Mit Salz und Pfeffer würzen. Pilze vom Herd nehmen und mindestens 2 Stunden ziehen lassen.

Zubereitungszeit: ca. 20 Minuten
(plus Marinier-, Back- und Schmorzeit)

RIESLING *Deutschland*

Der Riesling ist die bekannteste Rebsorte Deutschlands und wird in aller Welt hoch geschätzt. Mit seiner erfrischenden Säure schmeckt er vor allem zu hellem Fleisch und Fischgerichten.

Wissenswertes

Die größte Rieslingtradition haben die Winzer im Rheingau und an der Mosel, wo diese Traube auch heute noch den Rebsortenspiegel dominiert. Aus beiden Gebieten gibt es historische Dokumente aus den Jahren 1435 bzw. 1465. Hinweise auf die Verbreitung im heutigen Rheinhessen und der Pfalz stammen aus Ende des 15. und der ersten Hälfte des 16. Jahrhunderts. Heute wächst der Riesling in allen deutschen Anbaugebieten und nimmt, bei steigender Tendenz, mit rund 21.700 Hektar über 20 Prozent der bestockten Rebfläche in Anspruch.

Die Hauptaromen

Im Duft dominieren entweder Pfirsich, oft in Verbindung mit Aprikosenaromen, oder ein mehr oder weniger ausgeprägter Apfelton. Am Gaumen spürt man eine rassige Säure, die sich mit einer feinen Fruchtnote verbindet. Bei den Rieslingen von Schieferböden spricht man auch von einer mineralischen Note, die man neben der Frucht riechen kann. Manche Weine duften sogar nach Feuerstein.

Die Besonderheiten

Der Riesling ist eine langsam reifende Rebsorte, deren prägendes Element das harmonische Spiel zwischen feiner Frucht und eleganter Säure ist. Dieses Gleichgewicht kann sich aber nur bei gemäßigtem Klima und langer Reifezeit am Rebstock optimal entfalten. Bei monatelangen südlich-heißen Temperaturen reift die Sorte zu schnell und die Säure wird geschmacklich dann nicht mehr als erfrischend, sondern als stumpf empfunden. Daher wird Riesling vorwiegend in den nördlich gelegenen Anbaugebieten Europas angepflanzt, wo er in der späten Herbstsonne seine Aromenvielfalt am besten entfalten kann.

Die beste Trinktemperatur

8–10 °C

Käseempfehlung

Besonders geeignet sind Schnittkäse wie Gouda, Edamer oder Butterkäse. Außerdem schmeckt Riesling zu Bergkäse und Emmentaler sowie zu jungem, nicht allzu kräftigem Camembert.

Zu diesen Speisen passt der Wein

gekochtes Fleisch mit hellen Saucen
Hühnerragout
gekochte Putenbrust mit hellen Saucen
Sauerkrautplatte
gekochter Seefisch
gedünsteter Süßwasserfisch
Muscheln
gegrillter Fisch

LACHSFORELLE AUS DEM OFEN

Für 4 Portionen

1 küchenfertige Lachsforelle (ca. 1,5 kg)
1 El Zitronensaft
Salz, Pfeffer
6 Stangen Sellerie
8 Tomaten
50 g 8-Kräutermischung (TK)
80 g Grillbutter
2 cl Whiskey

Den Backofen auf 180 °C vorheizen. Den Fisch waschen, trocknen und mit Zitronensaft beträufeln. Dann mit Salz und Pfeffer würzen.

Den Sellerie putzen, waschen und in Stücke schneiden. Die Tomaten putzen, waschen, halbieren und in schmale Spalten schneiden. Die Kräuter auftauen lassen und 30 g davon mit Sellerie und Tomaten mischen.

Alles in die Forelle füllen. Die Öffnung mit Holzspießen feststecken. Alufolie mit 20 g Grillbutter einfetten, den Fisch darauf legen und mit Whiskey beträufeln. Die restliche Butter in Flöckchen darüber geben. Die restlichen Kräuter darüber streuen.

Die kurzen Seiten der Folie nach innen, die langen Seiten darüber schlagen. Den Fisch auf der mittleren Einschubleiste ca. 20 Minuten garen. Anrichten und mit Reis servieren.

Zubereitungszeit:
ca. 20 Minuten (plus Garzeit)

RIESLING HALBTROCKEN *Deutschland*

Die Sorte wird weltweit oft als „König der Weißweine" bezeichnet. Diesen Titel verdankt der Riesling seiner ungewöhnlichen Kombination aus feinen Fruchtnoten und belebender Frische.

Wissenswertes

Könige, Fürsten und religiöse Oberhäupter erkannten schon frühzeitig das Potenzial des Rieslings. Nicht zufällig wurde diese Traube bereits im 17. und 18. Jahrhundert im deutschsprachigen Raum in den Rang den von staatlicher Seite aus empfohlenen Rebsorten erhoben.

Woher aber der Name stammt, darüber rätseln die Gelehrten noch heute. Das Wort Riesling könnte von Verrieseln, reißender Säure, edles Reis oder Rusling (dunkles Holz) abstammen. Wie auch immer, international wird er oft als Rheinriesling bezeichnet. Für Rieslingweine aus Baden darf auch das Synonym „Klingelberger" verwendet werden. Mit dem Welschriesling aber, der unter anderem in Österreich, Italien und Slowenien angebaut wird, hat der echte Riesling nichts gemeinsam.

Die Hauptaromen

Neben Pfirsich- oder Apfelaromen sind oft auch Anklänge von Zitrusfrüchten und Ananas anzutreffen. Riesling von der Mosel ist meist leicht und filigran, vom Rheingau eher kantig-mineralisch und aus anderen Regionen eher kraftvoll.

Die Besonderheiten

Rieslingweine stehen in allen Qualitätsstufen und Geschmacksrichtungen zur Verfügung. Oft werden auch viele Qualitäts- oder Kabinettweine zur Kompensation der hohen Säure mit einer dezenten Süße ausbalanciert. Diese Weine werden als halbtrocken oder feinherb bezeichnet, wobei diese Varianten auf den Etiketten abgedruckt sind.

Junge leichte Rieslingweine, je nach Vorliebe trocken bis fruchtig süß, sind ideale Sommerweine. Als Speisebegleiter sollten Rieslinge normalerweise frühestens ein Jahr nach der Ernte getrunken werden.

Die beste Trinktemperatur

10–12°C

Käseempfehlung

Die halbtrockene Variante schmeckt besonders gut zu cremigem Weichkäse wie etwa Blauschimmel- oder Frischkäse. Außerdem eignet er sich zu Tilsiter, Allgäuer Emmentaler und sogar zu kräftigen Sorten wie Romadur.

Zu diesen Speisen passt der Wein

Hühnchen süß-sauer
Geflügelgerichte mit Honigsaucen
Wok-Gerichte mit süß-saurer Richtung
gekochtes Fleisch mit hellen Saucen
gedünsteter Fisch
gegrillter Fisch
Muscheln mit Weißweinsauce

SÜSS-SAURER FISCH

Für 4 Portionen

4 küchenfertige Fischfilets à 200 g
1 Ei
1 El Speisestärke
2 El Mehl
1 El Sojasauce
3 El Pflanzenöl
1 Zwiebel
1 Knoblauchzehe
1 Paprikaschote
50 ml Essig
50 g Zucker
3 El Ketchup
Sambal Oelek (oder Tabasco)
2 Tomaten
200 g Ananas (aus der Dose, geschnitten)

Aus dem Ei, der Speisestärke, dem Mehl und der Sojasauce einen Teig bereiten. Darin die Fischfilets wenden und abtropfen lassen.

Das Öl in einer Pfanne erhitzen und darin die Fischfilets von beiden Seiten etwa 5 Minuten goldbraun braten. Herausnehmen und warm stellen.

Die Zwiebel und die Knoblauchzehe schälen, würfeln und im Bratfett schmoren. Die Paprika putzen, waschen, in Streifen schneiden und mitschmoren.

Wasser, Zucker, Essig, Ketchup und einige Tropfen Sambal Oelek (oder Tabasco) verrühren und in die Pfanne geben. Aufkochen und etwas andicken lassen.

In der Zwischenzeit die Tomaten waschen, häuten und würfeln. Die Ananasstücke abtropfen lassen und zusammen mit den Tomatenwürfeln in die Pfanne geben, unterheben und erhitzen.

Anschließend die Fischfilets mit der Sauce servieren.

Zubereitungszeit:
ca. 20 Minuten (plus Brat- und Schmorzeit)

SAUVIGNON BLANC *Frankreich*

Diese kräftige, fruchtige Sorte hat sich mittlerweile auf dem deutschen Markt etabliert. Sie eignet sich vor allem vorzüglich zu Gemüse, Fischgerichten und Meeresfrüchten.

Wissenswertes

Woher diese Sorte kommt, ist bislang noch im Dunkeln der Geschichte verborgen. Tatsache ist nur, dass sie seit Jahrhunderten in Frankreich angebaut wird. Das hauptsächliche Verbreitungszentrum liegt im Südwesten Frankreichs, wo die Sorte auch im Jahre 1710 erstmals urkundlich erwähnt wurde. Man vermutet heute, dass sie zuerst in Bordeaux entdeckt wurde. Dort und im Loiretal zählt sie zu den wichtigsten weißen Sorten, taucht aber nicht immer auf den Etiketten auf. Berühmte Sauvignon Blanc-Weine aus dieser Sorte sind zum Beispiel Sancerre oder Pouilly-Fumé. Doch die meisten anderen Regionen Frankreichs setzen auf den mittlerweile hohen Bekanntheitsgrad des Sauvignon Blanc und schreiben seinen Namen auch deutlich aufs Etikett. Das hat er auch verdient.

Die Hauptaromen

Die ganz typischen Merkmale des französischen Sauvignon Blanc sind die kräftigen, so genannten grünen Aromen. Wer intensiv an dem Wein riecht, kann im Idealfall Noten von grünem Paprika, Gras, Kräutern, Stachelbeeren und grünen Früchten entdecken. Im Mund wirkt er fruchtig, würzig und hat meist eine erfrischende Säure.

Die Besonderheiten

Die weiße Renommeesorte hat in den letzten Jahrzehnten einen Siegeszug um die ganze Welt angetreten und wächst sogar in Deutschland mittlerweile auf über 300 Hektar, die sich überwiegend auf die Anbaugebiete Pfalz, Rheinhessen und Baden verteilen. Gute und typische Vertreter der Sorte bekommt man heute vor allem auch aus Italien.

Eine etwas gehaltvollere Variante ist übrigens der Sauvignon Gris, der roséfarbene Beeren aufweist, aber auch als Weißwein angeboten wird.

Die beste Trinktemperatur

8–10°C

Käseempfehlung

Auf Grund seines Geschmacksbildes ist Sauvignon Blanc kein einfacher Partner für den Käse. Besonders überzeugend schmeckt er aber zu frischem Ziegenkäse.

Zu diesen Speisen passt der Wein

gemischte Salate
Fischsuppen
Fischgerichte
Muscheln
Krustentiere
Gemüseaufläufe

MINESTRONE

Für 4 Portionen

150 g Speck
2 El Olivenöl
2 Zwiebeln
2 Knollen Fenchel
1 Bund junge Möhren
1 l Gemüsebrühe
Pfeffer
1 Tl Paprikapulver
1 Tl Basilikum, getrocknet
500 g Tomaten
Basilikum zum Garnieren

Den Speck würfeln. Die Zwiebeln schälen und hacken, den Fenchel ebenfalls schälen und würfeln. Möhren schälen und in Scheiben schneiden. Das Olivenöl erhitzen und darin die Speckwürfel anbraten. Die Zwiebeln zugeben und glasig schmoren. Fenchel und Möhren hinzufügen und alles etwa 5 Minuten dünsten.

Die Gemüsebrühe angießen, mit Pfeffer, Paprikapulver und getrocknetem Basilikum würzen und etwa 15 Minuten garen. Inzwischen die Tomaten waschen, häuten und in Würfel schneiden, dann ebenfalls zur Suppe geben und erhitzen.

Das frische Basilikum waschen, trocken schütteln und in Streifen schneiden. Die Suppe auf 4 Teller verteilen und mit Basilikumstreifen garniert servieren.

Zubereitungszeit:
ca. 20 Minuten (plus Brat-, Schmor- und Garzeit)

SAUVIGNON BLANC *Chile*

Ein Sauvignon Blanc aus Übersee schmeckt in der Regel ein bisschen anders als die europäischen Vertreter. Aber er passt ebenso hervorragend zu Meeresfrüchten und Fischen.

Wissenswertes

Mit den spanischen Eroberern kamen Mitte des 16. Jahrhunderts auch die ersten Weinstöcke ins Land. Über die Landesgrenzen hinaus bekannt wurden chilenische Weine aber erst über 300 Jahre später, als die großen weinproduzierenden Staaten von Reblaus und Mehltau heimgesucht wurden, Chile jedoch von diesen Plagen unberührt blieb. Davon profitierten etwa zehn chilenische Familienclans, von denen einige noch heute im Weingeschäft tätig sind, da sie ihre Weine zu guten Preisen exportieren konnten.

Danach herrschte lange Zeit Flaute. Einen richtigen Boom verzeichnen die chilenischen Weine erst wieder seit den 1990er Jahren, seitdem speziell viele Winzer aus Frankreich und Kalifornien mit ihrem Know-how für eine bessere Qualität auf breiter Front sorgten.

Die Hauptaromen

Manche Sauvignon Blancs aus Chile ähneln zwar hinsichtlich der Aromen denen aus Frankreich, weisen aber häufig ein gewaltiges Fruchtaroma auf und duften intensiv nach tropischen Früchten, etwa nach Maracuja, teils auch nach schwarzen Johannisbeeren oder, seltener, nach Holunder. Darüber hinaus sind sie meist weniger säurebetont als die Weine aus Frankreich.

Die Besonderheiten

Am besten schmeckt der Sauvignon Blanc jung, obwohl man ihn nach dem Kauf durchaus einige Monate aufbewahren kann, ohne dass er nennenswert an Fruchtigkeit einbüßt. Gelegentlich wird der Sauvignon auch mit Sémillon verschnitten, dann ist er länger haltbar und weniger intensiv.

Die beste Trinktemperatur

8–10 °C

Käseempfehlung

Auch chilenischer Sauvignon Blanc ist kein genereller Begleiter zu Käse. Doch mit frischem Ziegenkäse harmoniert er meistens ausgezeichnet.

Zu diesen Speisen passt der Wein

Salate mit hellem Fleisch
Fischsuppen
Fischgerichte
Meeresfrüchte
Kräftige Gemüseaufläufe
Pasta mit Sahnesaucen

MAISCHOLLE MIT KRABBEN

Für 4 Portionen

4 küchenfertige Maischollen
Salz, Pfeffer
Zitronensaft
50 g Mehl
3 El Butterschmalz
300 g gekochte Nordseekrabben
2 El frisch gehackter Dill

Die Schollen waschen und trocken tupfen. Kopf, Flossen und die dicke graue Haut auf einer Seite entfernen. Die weiße Haut dranlassen. Die Schollen mit Salz und Pfeffer würzen, mit Zitronensaft beträufeln.

Das Mehl auf einen Teller geben. Das Butterschmalz in einer Pfanne erhitzen.

Die Schollen in Mehl wenden, überschüssiges Mehl abschütteln.

Die Schollen nacheinander auf der Hautseite etwa 3 Minuten knusprig braten. Wenden und bei mittlerer Temperatur weitere 3 Minuten braten. Schollen aus der Pfanne nehmen und im Ofen warm stellen.

Die Krabben in die Pfanne geben und erhitzen. Die Schollen mit den Krabben belegen. Etwas Fett darübergießen. Mit Dill bestreut servieren.

Zubereitungszeit:
ca. 20 Minuten (plus Bratzeit)

SILVANER *Deutschland*

Dieser Wein hat einen dezenten, mitunter etwas erdig-würzigen Duft, eine milde Säure und einen mittleren Körper. Der Silvaner passt in der Küche vor allem zu Spargel und Fisch.

Wissenswertes

Früher meinte man, der Silvaner käme aus Rumänien, worauf die Namensverwandtschaft mit der Region Transsylvanien hindeuten könnte. Doch das ist unwahrscheinlich, da der Silvaner die dortigen kalten Winter nicht überstanden hätte. Daher neigt man nun dazu, als Herkunftsland Österreich anzunehmen. Wie dem auch sei, durch einen Bildstock in Würzburg ist belegt, dass im Jahr 1665 der Zisterzienser-Abt Alberich Degen die Rebe nach Deutschland brachte. Von Franken aus, wo sie heute noch an der zweiten Stelle im Rebsortenspiegel steht, erreichte sie andere Anbaugebiete wie das heutige Rheinhessen, die Pfalz oder die Nahe. Dabei nannten die katholischen Winzer noch bis vor wenigen Jahrzehnten den Silvaner „Franken", die evangelischen Winzer dagegen „Österreicher". Im Schweizer Wallis heißt die Sorte übrigens „Johannisberger" und im Elsass „Sylvaner".

Die Hauptaromen

Silvaner sind in der Farbe meist recht hell und haben vorwiegend ein leichtes würziges, erdiges Aroma mit sehr dezenter Frucht. Durch ihre überwiegend milde Säure sind sie gut verträglich. Im Geschmack ist der Silvaner angenehm würzig und feinfruchtig.

Die Besonderheiten

Silvaner aus Rheinhessen und der Pfalz passen besonders gut zum Spargel; seine fränkischen Verwandten sind dazu auch wunderbare Fischbegleiter. Die herzhafteren Varianten eignen sich ebenfalls zu kräftiger, regionaler Küche. Meist schmecken die Silvaner in den beiden ersten Jahren nach der Ernte am besten.

In alten Silvanerweinbergen kamen auch vereinzelt Stöcke mit blauroten Beeren vor, die ebenfalls Weißweine lieferten. Heute werden sie als Rarität weitergezüchtet.

Die beste Trinktemperatur

8–10°C

Käseempfehlung

Silvaner harmoniert sehr gut mit Käse. Am besten passt er zu Weißschimmelkäse, sofern dieser nicht zu kräftig ist; aber auch Allgäuer Emmentaler, Edamer und Gouda vertragen sich gut mit dieser Sorte.

Zu diesen Speisen passt der Wein

gemischte Salate
Salate mit hellem Fleisch
Schinkenspeck
Fleischpasteten
Spargelsuppe
Geflügel mit hellen Saucen

HACKAUFLAUF MIT GEMÜSE UND REIS

Für 4 Portionen

1 Knoblauchzehe
500 g gemischtes Hackfleisch
2 El Pflanzenöl
Salz
Pfeffer
Paprikapulver
250 g Reis
300 g gelbe Paprikaschote
300 g Auberginen
300 g Zucchini
400 g Tomaten
6 El Olivenöl
200 ml Sahne
1 Bund gemischte Kräuter
2 Eier
20 g Butter

Die Knoblauchzehe schälen und zerdrücken. Das Öl erhitzen und darin Knoblauch und Hackfleisch anbraten. Mit Salz, Pfeffer und Paprikapulver würzen.

Den Reis nach Packungsanleitung garen, abgießen und abtropfen lassen.

Paprika, Auberginen und Zucchini putzen, waschen und würfeln, die Tomaten waschen und in Scheiben schneiden. Das Olivenöl erhitzen und das Gemüse nacheinander darin etwa 3 Minuten schmoren.

Mit Salz, Pfeffer und Paprikapulver würzen.

In eine Auflaufform abwechselnd neben- oder übereinander Gemüse, Reis und Hackfleisch schichten.

Die Kräuter hacken und mit der Sahne und den Eiern verrühren. Die Masse über den Auflauf gießen und ihn im Ofen bei 180 °C (Umluft 160 °C) etwa 30 Minuten backen. Die Butter schmelzen und nach und nach darübergießen.

Zubereitungszeit:
ca. 30 Minuten (plus Schmor- und Garzeit)

VINHO VERDE *Portugal*

Die leichten, spritzigen und süffigen Weine aus dem Norden Portugals sind vor allem in den wärmeren Monaten ein sehr beliebter, unkomplizierter Begleiter zu Grillgerichten.

Wissenswertes

Am Anfang der deutschen Karriere des Vinho Verde stand ein Irrtum. Nachdem die frischen, spritzigen Weißweine erstmals in größeren Mengen auf den deutschen Markt kamen, sprach die nicht einschlägig informierte Presse vom „Grünen Wein" Portugals. Das war zwar wortgemäß richtig übersetzt, aber in Folge dachten viele Verbraucher, dass diese Tropfen von unreifen Trauben stammen würden. Das hat der Beliebtheit aber nicht geschadet, denn Vinho Verde entwickelte sich wegen seiner Frische, Spritzigkeit und belebender Säure zu äußerst beliebten Wein. An genau diese Eigenschaften dachten auch die Portugiesen, als sie 1908 die Bezeichnung Vinho Verde erstmals in schriftlicher Form festhielten. Vinho Verde ist aber im Gegensatz zum Prosecco aus Italien keine Rebsorte, sondern eine Gebietsbezeichnung wie etwa Rheinhessen oder Bordeaux. Fast ausschließlich sind die Weine Cuvées aus mehreren Sorten.

Die Hauptaromen

In der Region wird ein breit gefächertes Spektrum an weißen Rebsorten geboten. Zu den bekanntesten Trauben zählen Alvarinho, Arinto, Avesso, Loureiro und Trajadura. Entsprechend vielfältig können auch die Weinstile sein. Aber meistens ist Vinho Verde ein schlanker, spritziger Wein mit etwas Kohlensäure, angenehm erfrischender Säure und zarten Aromen von Zitrusfrüchten.

Die Besonderheiten

Die Region Vinho Verde feiert 2008 ihr 100-jähriges Bestehen als Qualitätsanbaugebiet. Das Gebiet im Norden Portugals umfasst rund 35.000 Hektar Rebflächen. Das entspricht immerhin rund einem Drittel der gesamten deutschen Weinanbaufläche. Gelegentlich wird der Wein auch in einer Bocksbeutelflasche angeboten.

Die beste Trinktemperatur

8–10°C

Käseempfehlung

Die meisten dieser Weine aus dem Norden Portugals sind mit dem Genuss von Käse schwer zu vereinbaren. Am besten eignet sich noch ein junger Gouda oder Edamer dazu.

Zu diesen Speisen passt der Wein

Fischsuppe
gedünstete Fischgerichte ohne Tomatensauce
gemischte Salate
Salate mit Geflügelfleisch
Meeresfrüchte

STOCKFISCH-KROKETTEN

Für 4 Portionen

400 g Stockfisch
400 g Kartoffeln
3 Knoblauchzehen
1 Bund Petersilie
40 g Pinienkerne
etwas Öl
Pfeffer
Salz
etwas Paprikapulver
3 Eier
ca. 5 El Mehl
ca. 5 El Paniermehl
Öl zum Frittieren

Den Fisch 24 Stunden in kaltem Wasser wässern, Wasser zwischendurch wechseln. Anschließend abtropfen lassen, zerbröckeln und alle Gräten entfernen.

Die Kartoffeln waschen und in Wasser 20 Minuten garen, pellen und pürieren. Den Knoblauch schälen und klein hacken, die Petersilie waschen, trockenschütteln und fein hacken. Pinienkerne in einer Pfanne in etwas Öl goldbraun braten.

Fisch, Kartoffelpüree, Knoblauch, Petersilie und Pinienkerne mit Pfeffer, Salz und Paprikapulver würzen und gründlich verkneten, 15 Minuten ruhen lassen.

Die Eier verquirlen, Mehl mit Paniermehl in einem zweiten Teller vermischen.

Mit nassen Händen aus der Fischkartoffel-Masse kleine Kroketten formen. Zuerst in Panade, danach in Ei und wieder in Panade wälzen.

Das Öl zum Frittieren erhitzen und die Kroketten darin portionsweise goldbraun frittieren. Herausnehmen und auf Küchenpapier abtropfen lassen. Heiß servieren.

Zubereitungszeit: ca. 30 Minuten
(plus Zeit zum Wässern und Garzeit)

WEISSER BURGUNDER *Deutschland*

Die Weine dieser Sorte sind meist trocken ausgebaut, mit frischer Säure, feiner Frucht und dezenter Eleganz. Sie sind ideale Menüweine, aber zugleich auch leichte Sommerweine.

Wissenswertes

Der Blaue Spätburgunder wird als Urform des Burgunders angesehen. Beim Grauburgunder handelt es sich um eine helle Knospenmutation des Spätburgunders, der Weiße Burgunder wiederum gilt als Fortsetzung dieser Mutation. Nachweislich bekannt ist die in Frankreich Pinot Blanc genannte Sorte seit dem 14. Jahrhundert. Allerdings begann man erst um die Mitte des 19. Jahrhunderts mit einer gezielten Züchtung.

Zuvor stand der Weiße Burgunder meist mit seinen anderen Verwandten als gemischter Satz im Weinberg. Denn bis zum Beginn der Traubenreife lassen sich die drei Burgundersorten kaum unterscheiden. Erst mit zunehmender Reife entwickeln sich die Ausprägung der Traubenfarbe sowie die Duft- und Geschmackskomponenten.

Die Hauptaromen

Besonders typisch für die Sorte sind ein leichtes, an grüne Nüsse erinnerndes Aroma und zarte Fruchtnoten, vor allem von gelben Früchten wie Apfel oder Quitte, aber auch Birne, Aprikose, Zitrusfrucht oder frische Ananas.

Mit seiner angenehm erfrischenden Säure gilt er als vielseitig verwendbarer Menüwein.

Die Besonderheiten

Die Sorte gewinnt in Deutschland zunehmend an Bedeutung. Es gab allein im letzten Jahrzehnt eine Verdoppelung der Rebfläche auf heute 3.600 Hektar, was gut 3 Prozent der Gesamtfläche ausmacht. Baden gilt mit mehr als 1.100 Hektar als eine Hochburg des Weißburgunders, ebenso die Pfalz und Rheinhessen. Aber auf Grund seiner idealen Eignung als Essensbegleiter wird er längst auch in allen anderen deutschen Gebieten angepflanzt.

Die beste Trinktemperatur

8–10 °C

Käseempfehlung

Ein Weißer Burgunder ist an sich nicht der ideale Partner zu einer Käseplatte. Wer auf ihn dennoch nicht verzichten will, sollte milden Butterkäse, einen nicht zu kräftigen Weichkäse mit Rotflora oder einen Gouda dazu servieren.

Zu diesen Speisen passt der Wein

Fischsuppe
Meeresfrüchte
gekochter Fisch
Fisch mit hellen Saucen
Kalbsbraten
Schweinefleisch
Geflügelgerichte

HÜHNERFRIKASSEE MIT REIS

Für 4 Portionen

1 Suppenhuhn
Salz
1 Zwiebel
1 Bund Suppengemüse
1 Lorbeerblatt
5 Pfefferkörner
2 Päckchen Saucenpulver für Sauce Hollandaise (FP)
200 ml Weißwein
Saft von ½ Zitrone
Petersilie zum Bestreuen

Das Huhn waschen, trocken tupfen und in einem Topf mit etwa 2 l Salzwasser etwa 2 Stunden garen.

Die Zwiebel schälen, das Suppengemüse putzen, waschen, Möhre und Sellerie schälen, das Gemüse und die Zwiebel würfeln. Nach 1 Stunde und 30 Minuten mit Lorbeerblatt und Pfefferkörnern zum Huhn geben.

Das Huhn aus der Brühe heben, abtropfen lassen, das Fleisch von den Knochen lösen und klein schneiden.

½ l durchgesiebte Hühnerbrühe in einem Topf aufkochen, das Saucenpulver einrühren und aufkochen. Das Hühnerfleisch in die Sauce geben, mit Wein und Zitronensaft abschmecken. Mit Petersilie bestreut servieren. Dazu Reis reichen.

Zubereitungszeit: ca. 30 Minuten (plus Kochzeit)

Roséweine

Diese Weine sind seit einigen Jahren wieder groß in Mode. Sie duften vorwiegend nach Beerenfrüchten und schmecken angenehm fruchtig. Roséfarbene Spätburgunder oder Portugieser, aber auch andere Weine passen sehr gut zu Grillgerichten aller Art, außerdem sind sie unkomplizierte Begleiter zu Pizza und Pasta.

PORTUGIESER *Deutschland*

Dieser roséfarbene Wein eignet sich als süffiger, unkomplizierter Begleiter zu vielen Gerichten. Am häufigsten wird er in den wärmeren Monaten getrunken.

Wissenswertes

Die Herkunft der Portugieserrebe kann nicht eindeutig belegt werden. Sie hat aber nichts mit Portugal zu tun. Man vermutet ihren Ursprung in Österreich-Ungarn. Bekannt ist jedenfalls, dass sie in Österreich bereits im 18. Jahrhundert angepflanzt wurde und im 19. Jahrhundert schließlich nach Deutschland gekommen ist und dort viele alte Rebbestände verdrängte. Der wohl wichtigste Grund dafür war ihre Ertragssicherheit. Außerdem reifen die Trauben schon relativ früh und können als Qualitätswein mitunter schon in der ersten Septemberhälfte geerntet werden.

Die Hauptaromen

Der Portugieser gilt in seiner roséfarbenen Variante als angenehmer, süffiger und frischer Schoppenwein mit einer belebenden, aber nicht intensiven Säure und einem moderaten Alkoholgehalt. Im verhaltenen Duft sind Anklänge von Beerenaromen wie rote Johannisbeere, Himbeere oder Erdbeere, mitunter auch ein bisschen Sauerkirsche, vorhanden.

Die Besonderheiten

Wenn der Portugieser mit der Bezeichnung Weißherbst angeboten wird, besteht er ausschließlich aus einer Rebsorte. Oft wird er aber auch mit dem Zusatz Rosé angeboten. Ein deutscher Rosé darf wie auch ein Weißherbst nur aus roten Trauben bestehen. Allerdings dürfen dafür mehrere Sorten verwendet werden. Darüber hinaus darf ein Rosé nicht nur aus Qualitäts- oder Prädikatsweinen sondern auch aus Tafelweinen bereitet werden. In Hinsicht auf den Restzuckergehalt gibt es keine Beschränkungen, deutschen Rosé gibt es also als trockenen, halbtrockenen oder lieblichen Wein. Steht keine Rebsorte auf dem Etikett, dann handelt es sich um eine Cuvée, also eine Mischung aus mehreren Sorten.

Die beste Trinktemperatur

8–10 °C

Käseempfehlung

Die Kombination mit Käse ist bei dem eher verhalten schmeckenden Portugieser nicht ganz einfach. Am ehesten passen noch Edamer oder junger Gouda.

Zu diesen Speisen passt der Wein

Pasta mit Pilz- oder Fleischsauce
Pizza
Hühnchengerichte
gebratene und gegrillte Garnelen
gegrillter Lachs
kräftige Gemüseaufläufe

PIZZA KUNTERBUNT

Für 4 Portionen

450 g Mehl
1 Päckchen Trockenhefe
1 Prise Zucker
½ Tl Salz
5 El Olivenöl
1 Zwiebel
1 El Butter
400 g Tomaten in Stücken (aus der Dose)
Salz, Pfeffer
1 El getrockneter Oregano
2 kleine Zucchini
200 g Champignons
1 gelbe Paprikaschote
100 g italienische Salami in Scheiben
250 g Mozzarella
100 g mittelalter Gouda
Mehl für die Arbeitsfläche
Fett für das Backblech

Mehl, Hefe und Zucker in eine Schüssel geben, Salz, Öl und 500 ml lauwarmes Wasser langsam dazugeben und alles zu einem glatten Teig verarbeiten. Den Teig abgedeckt an einem warmen Ort etwa 1 Stunde gehen lassen.

Die Zwiebel schälen und hacken und in der erhitzten Butter andünsten. Mit dem Saft der Tomaten ablöschen, die Tomatenwürfel zugeben, alles mit Salz, Pfeffer und Oregano würzen und etwas einkochen lassen.

Die Zucchini und Champignons in Scheiben, die entkernte Paprikaschote und die Salamischeiben in Streifen schneiden.

Den Teig auf einer bemehlten Arbeitsfläche durchkneten, auf einem gefetteten Backblech dünn ausrollen und weitere 10 Minuten gehen lassen.

Die Tomatensauce auf den Teig streichen. Das Gemüse, Pilze und Salamistreifen darüberlegen und mit Salz, Pfeffer und Oregano würzen. Den Mozzarella in Scheiben auf der Pizza verteilen und mit geriebenem Gouda bestreuen. Im Ofen bei 220 °C (Umluft 200 °C) etwa 25 Minuten backen.

Zubereitungszeit:
ca. 40 Minuten (plus Geh- und Garzeit)

ROSADO *Spanien*

Spanische Roséweine sind im Allgemeinen im Alkoholgehalt und Geschmack etwas kräftiger als die deutschen. Daher trinkt man sie gerne auch zu Tapas und gut gewürzten Gerichten.

Wissenswertes

Für spanische Rosados gilt ähnliches wie für französische, italienische oder deutsche Weine dieser Art: Sie sind entweder aus einer Rebsorte oder aus mehreren bereitet. Das liegt ganz an der Vorliebe des Winzers. Die bevorzugten Sorten sind Tempranillo, Spaniens beste Traube, oder Garnacha. Letztere wird zumeist mit anderen Trauben verarbeitet. Gelegentlich wird auch Cabernet Sauvignon als Rosé angeboten, der dann kräftiger schmeckt und schon fast wie ein heller Rotwein aus Deutschland aussieht.

Rosé & Co. sind heute wieder Weine, die viel Spaß machen können. Das war vor einigen Jahren noch anders, als ein regelrechter Rotweinboom herrschte und kaum Roséweine erzeugt wurden.

Die Hauptaromen

Je nach Rebsortenzusammenstellung ist das Aroma immer etwas unterschiedlich. Aber im Regelfall duften die Weine nach Himbeeren und Erdbeeren, manchmal zusätzlich auch nach Kirschen, dunklen Beeren oder Bananen.

Außerdem haben sie dazu noch eine meist dezente würzige Note. Im Mund sind sie fruchtig, meist vollmundig und haben üblicherweise weniger Säure als ihre deutschen Verwandten.

Die Besonderheiten

Manchmal kann man in der Regel auf dem Rückenetikett eines Roséweins die Formulierung „Saignée-Methode" lesen. Das ist aber nichts Geheimnisvolles und hat auch nichts mit einer chemischen Behandlung zu tun, vielmehr handelt es sich bei dieser Methode sozusagen um ein Vorentsaften. Das bedeutet, bei der Rotweinbereitung wird ein Teil des Saftes für Rosé oder Weißherbst entfernt, so dass schließlich der verbleibende Rotwein farbintensiver wird. Der so gewonnene Roséwein sieht dann häufig ebenfalls farbintensiver aus und schmeckt meist auch etwas kräftiger.

Die beste Trinktemperatur

8–10 °C

Käseempfehlung

Auf Grund der verschiedenen Rebsorten, die für einen spanischen Roséwein verwendet werden können, ist es am besten, von einer Kombination mit Käse abzusehen.

Zu diesen Speisen passt der Wein

Pizza jeder Art
Huhn
gegrillter Fisch
Gerichte mit Knoblauch
Gerichte mit Tomatensaucen

GEBACKENE GEFLÜGELBÄLLCHEN

Für 4 Portionen

2 El Butter
25 g Weizenmehl
150 ml Milch
1 El Olivenöl
100 g Hühnerbrustfilet
1 Knoblauchzehe
1 Ei
50 g Mehl
50 g Paniermehl
Salz, Pfeffer
Frittierfett

Aus Butter und Mehl eine Mehlschwitze herstellen. Mit der Milch ablöschen und unter Rühren eine sämige Sauce herstellen. Vom Herd nehmen.

Das Öl in einer Pfanne erhitzen. Hühnerbrust in Würfel schneiden und im heißen Öl von allen Seiten 3 Minuten braten. Knoblauch schälen, hacken und mit dem Hühnchenfleisch schmoren. Das Hühnchenfleisch pürieren, die Sauce hinzufügen und würzen. Abkühlen lassen und 8–10 kleine Bällchen formen.

Das Ei verquirlen. Die Bällchen in Mehl, Ei und Paniermehl wenden und im heißen Frittierfett etwa 4 Minuten backen. Anschließend die Geflügelbällchen aufspießen und mit einem Tomatensalat servieren.

Zubereitungszeit: ca. 20 Minuten
(plus Schmor- und Frittierzeit)

SPÄTBURGUNDER *Deutschland*

Roséfarbene Weine aus dieser Sorte sind erfrischend, fruchtig und geschmacklich kräftiger als beispielsweise Portugieser. Sie werden nicht nur zu Grillgerichten als Universalbegleiter getrunken.

Wissenswertes

Die Rebsorte Spätburgunder gilt international als eine der besten roten Trauben. So werden daraus in Deutschland meist Rotweine gemacht. Im Zuge der Wiederentdeckung der roséfarbenen Weine jedoch wird immer häufiger der Spätburgunder als Weißherbst oder als Rosé angeboten. Lange Zeit war es üblich, für diese Weine nur Trauben zu verwenden, die entweder nicht richtig rot wurden oder überreif waren und daher nicht für Rotweine in Frage kamen. Das ist heute glücklicherweise kaum noch der Fall, vielmehr werden die roséfarbenen Tropfen ganz geplant und gezielt erzeugt.

Die Hauptaromen

Im Allgemeinen weist der Wein einen schönen Aromenstrauß aus Erdbeere, Himbeere und Kirsche auf. Er kann außerdem noch nach Aprikose und etwas Honigmelone sowie ein bisschen nach Kräutern duften. Im Mund schmeckt der Spätburgunder fruchtig. Er verfügt über ein angenehmes Säurespiel, das ihn frisch und belebend wirken lässt.

Die Besonderheiten

Grundsätzlich ist das Verschneiden von Rot- und Weißwein, um einen Weißherbst oder Rosé zu bekommen, in Deutschland nicht gestattet. Doch keine Regel ohne Ausnahme. Die Bezeichnung „Rotling" ist nämlich erlaubt, wenn der Wein aus weißen und roten Trauben oder aus deren Maischen bereitet wird. In Baden darf sich ein Rotling auch „Badisch Rotgold" nennen, wenn er ausschließlich aus Grauburgunder und Spätburgunder besteht und es sich um Qualitäts- oder Prädikatsweine handelt. In Württemberg, und nur dort, darf ein Rotling auch die Bezeichnung „Schillerwein" tragen. In Sachsen wiederum kann ein Rotling als „Schieler" im Regal stehen.

Die beste Trinktemperatur

8–10 °C

Käseempfehlung

Ein trockener Spätburgunder passt gut zu etwas fetthaltigeren Käsesorten, sofern deren Geschmack nicht zu intensiv ist. Er kann aber auch zu einem milden Emmentaler schmecken.

Zu diesen Speisen passt der Wein

Pizza jeder Art
Pasta mit Fleisch- oder Sahnesaucen
Hühnchengerichte
gegrillte Garnelen
Gemüseaufläufe
Gerichte mit Knoblauch

SPAGHETTI BOLOGNESE

Für 4 Portionen

75 g Speck
2 El Olivenöl
1 Zwiebel
1 Knoblauchzehe
1 Möhre
1 Stange Staudensellerie
400 g gemischtes Hackfleisch
100 ml Gemüsebrühe
Salz
Pfeffer
100 ml Milch
1 Tl Oregano, gehackt
400 g Tomaten (aus der Dose)
1 El Zucker
400 g Spaghetti
50 g Parmesan

Den Speck würfeln. Die Zwiebel und die Knoblauchzehe schälen und hacken. Die Möhre und die Selleriestange putzen und ebenfalls hacken.

Das Olivenöl erhitzen und darin den Speck auslassen, Zwiebel, Knoblauch, Möhre und Sellerie zugeben und mitschmoren. Das Hackfleisch hinzufügen und krümelig braten.

Die Gemüsebrühe angießen und die Flüssigkeit langsam verkochen lassen.

Mit Salz und Pfeffer würzen. Die Milch einrühren und sämig einkochen.

Oregano, Tomaten und Zucker in die Sauce geben und etwa 30 Minuten köcheln lassen.

Inzwischen die Spaghetti bissfest garen, abgießen und abtropfen lassen. Mit der Hackfleischsauce anrichten und mit geriebenem Parmesan bestreuen.

Zubereitungszeit:
ca. 30 Minuten (plus Schmor-, Brat- und Garzeit)

WEISSHERBST *Deutschland*

Dieser Wein eignet sich nicht nur als erfrischendes Getränk an heißen Tagen oder zu Grillgerichten, sondern ist auch im Winter ein angenehmer Begleiter zu vielen Speisen.

Wissenswertes

Der Name Weißherbst ist auf die Bezeichnung „Weißer Arbst" zurückzuführen. Arbst war früher in Baden ein übliches Synonym für die Sorte Spätburgunder. Das bedeutet jedoch nicht, dass heute ein Weißherbst auch aus dieser Sorte besteht. Vielmehr darf ein Weißherbst ausnahmslos nur aus einer roten Traubensorte bereitet werden und muss zudem zu mindestens 95 Prozent aus hell gekeltertem Most bestehen. Ein Nachfärben von Weißherbst mit Rotwein, natürlich nur mit derselben Rebsorte, ist bis zu einem Anteil von maximal 5 Prozent möglich. Außerdem darf die Bezeichnung „Weißherbst" nur für Qualitäts- und Prädikatsweine verwendet werden. Eine Geschmacksrichtung ist nicht festgelegt, wenn auch speziell der badische Weinbauverband für die Gattung Weißherbst halbtrockene oder liebliche Weine bevorzugt. Man sollte daher auf das Etikett achten. Eine Rebsortenbeschränkung gibt es nicht, sofern die rote Sorte in Deutschland zugelassen ist. Jedoch muss auf dem Etikett beim Weißherbst in gleicher Schriftgröße der Rebsortenname angegeben werden.

Die Hauptaromen

Je nach Rebsorte sind auch die Aromen durchaus unterschiedlich. In der Regel aber duftet Weißherbst, egal ob Spätburgunder, Dornfelder oder Portugieser, nach roten Beerenfrüchten und schmeckt dezent fruchtig. Die Säure lässt ihn dazu erfrischend schmecken, sie ist aber nicht aufdringlich und daher gut verträglich.

Die Besonderheiten

Gerade bei Gerichten, die oft sehr fett sind, wie beispielsweise Lachs, kann der Weißherbst auch sehr gut zum besseren Verdauen des Essens beitragen.

Die beste Trinktemperatur

8–10 °C

Käseempfehlung

Ein Weißherbst passt sehr gut zu etwas fetthaltigeren Käsesorten, sofern deren Geschmack nicht zu ausgeprägt ist. Ein trockener Spätburgunder Weißherbst kann aber auch zu einem milden Emmentaler schmecken.

Zu diesen Speisen passt der Wein

Pasta mit Fleisch- oder Sahnesaucen
Pizza jeder Art
Hühnchengerichte
gegrillte Garnelen
Lachs
Aufläufe mit Tomaten

CHICKEN WINGS VOM GRILL

Für 4 Portionen

25 bis 30 Hähnchenflügel
3 Knoblauchzehen
6 El Tomatenketchup
4 El Balsamessig
Saft von 3 Limetten
1 Tl Paprikapulver
2 Tl Cayennepfeffer
4 El Ahornsirup
Tabasco

Die Hähnchenflügel waschen und trockentupfen. In eine flache Schale legen.

Für die Marinade die Knoblauchzehen schälen und hacken. Mit Ketchup, Balsamessig, Limettensaft, Paprikapulver, Cayennepfeffer und Ahornsirup vermischen und mit Tabasco scharf abschmecken.

Die Marinade über die Hähnchenflügel geben und etwa 2 Stunden durchziehen lassen.

Den Grill vorheizen und mit Alufolie abdecken. Die marinierten Chicken wings auf die Alufolie legen und etwa 10 Minuten grillen. Dabei mehrmals wenden und mit Marinade bestreichen.

Zubereitungszeit: ca. 30 Minuten (plus Marinier- und Grillzeit, Zeit zum Durchziehen)

Rotweine

Die meist kräftigeren Rotweine gelten als die klassischen Begleiter zu einem Steak, generell zu rotem Fleisch und Wild aller Art. Nicht nur die italienischen Weine aber passen optimal ebenso zu Nudelgerichten, Pizza und vielen Käsesorten. Manche Rotweine kann man sogar zu kräftigeren Fischgerichten trinken.

BORDEAUX *Frankreich*

Die Weine aus den roten Gewächsen der gleichnamigen Region sind kraftvoll und elegant zugleich. Sie sind hervorragende Begleiter zu dunklem Fleisch und Wildgerichten sowie zu Käse.

Wissenswertes

Die Region am Atlantik ist übersät von Weinbergen, was angesichts einer Anbaufläche von rund 115.000 Hektar nicht sonderlich wundert. Das ausgeglichene, warme Klima zwischen Gironde und Atlantik wird vom Golfstrom begünstigt und bietet nicht zuletzt daher optimale Voraussetzungen für den Weinbau. Die roten Erzeugnisse aus diesem Gebiet genießen auch bei Nichtweintrinkern meist einen sehr guten Ruf. Dabei wird zwar in der Regel vergessen, dass die meisten Weine aus Bordeaux nicht gleich automatisch besser sein müssen als preislich gleichwertige Rotweine anderer Regionen, aber mit einem Bordeaux ist man dennoch stets gut bedient, wenn man ihn zu dunklen Fleischgerichten und kräftigeren Käsesorten servieren will.

Die ganz großen Rotweine, die den legendären Ruf der Region begründet haben, bekommt man aber in der Regel nicht unter einem hohen zweistelligen oder sogar dreistelligen Betrag.

Die Hauptaromen

In der Regel sind die Bordeauxweine Cuvées aus den Sorten Cabernet Sauvignon und Merlot, gelegentlich auch Cabernet Franc. Je nach Zusammenstellung sind daher auch die Aromen etwas unterschiedlich. Im Allgemeinen jedoch duften die Weine nach roten Früchten, vor allem Kirschen und schwarzen Johannisbeeren, gepaart mit zarten blumigen Anklängen.

Die Besonderheiten

Die Verbindung von Cabernet und Merlot ist in Bordeaux ein Idealfall. Denn der etwas strengere Geschmack und der relativ hohe Tanningehalt des Cabernets wird durch den weicheren, duftigeren aber etwas alkoholreicheren Merlot bestens ausbalanciert.

Die beste Trinktemperatur

18–20 °C

Käseempfehlung

Diese Weine sind ausgezeichnet zu würzigen Käsen mit Weichschimmelrinde, also Brie und reiferem Camembert, zu Schafskäse, altem Gouda und Hartkäsen wie beispielsweise Parmesan.

Zu diesen Speisen passt der Wein

Lammfleisch
Rinderbraten
Steaks
Wildgeflügel
Wildgerichte
Lasagne

RINDERROULADEN MIT ROTWEINSAUCE

Für 4 Portionen

2 Schalotten
4 Gewürzgurken
4 Rinderrouladen
Salz, Pfeffer
4 Tl scharfer Senf
4 Scheiben Frühstücksspeck
1 Tl getrockneter Thymian
1 Bund Suppengrün
50 g Räucherspeck
2 El Butterschmalz
2 Lorbeerblätter
400 ml trockener Rotwein
400 ml Fleischbrühe
3 El Mehl
saure Sahne nach Belieben

Die Schalotten schälen und in dünne Ringe schneiden. Die Gurken in dünne Streifen schneiden. Das Fleisch waschen, trocken tupfen und auf einer sauberen Arbeitsfläche auslegen.

Die Rouladen mit Salz und Pfeffer würzen und mit je 1 Tl Senf bestreichen. Dann je 1 Scheibe Frühstücksspeck auf jede Roulade legen. Thymian darüberstreuen, Schalottenringe und Gurkenstreifen darauflegen und die Rouladen zusammenrollen. Mit Rouladennadeln feststecken.

Das Suppengrün putzen, waschen und klein schneiden. Den Speck würfeln. Das Butterschmalz in einem Bräter erhitzen und die Rouladen darin kräftig anbraten. Aus dem Bräter nehmen, Gemüse und Speck hineingeben und schmoren. Die Rouladen mit den Lorbeerblättern zurück in den Topf geben, Wein und Brühe angießen und abgedeckt etwa 1 Stunde 15 Minuten schmoren.

Rouladen aus dem Topf nehmen und warm stellen. Bratfond durchsieben und aufkochen. Das Mehl in 150 ml Wasser glatt rühren und den Fond damit andicken. Mit Salz und Pfeffer abschmecken. Nach Belieben mit saurer Sahne verfeinern. Die Rouladen in der Sauce servieren.

Zubereitungszeit:
ca. 20 Minuten (plus Schmorzeit)

CABERNET SAUVIGNON *Frankreich*

Die ursprünglich aus Bordeaux stammende Sorte zählt zu den bekanntesten der Welt. Ihre Weine passen hervorragend zu gebratenem Rind- oder Lammfleisch.

Wissenswertes

Cabernet Sauvignon wurde in Frankreich bereits im Jahre 1635 in Aufzeichnungen des Kardinals Richelieu erwähnt. Aber erst ab Ende des 18. Jahrhunderts trat die Sorte in ihrer Heimat Bordeaux verstärkt in Erscheinung. Lange Zeit rätselten Experten über die Ursprünge dieser edlen Rebsorte. Manche vermuteten, sie sei ein Abkömmling einer antiken Sorte, über die bereits Plinius der Ältere im 1. Jahrhundert berichtete. Vor kurzem aber hat man mit Hilfe des genetischen Fingerabdrucks festgestellt, dass es sich hierbei um eine scheinbar zufällige Kreuzung von Sauvignon Blanc und Cabernet Franc handeln muss.

Ein Glücksfall, wie man heute weiß. Weltweit werden rund 280.000 Hektar dieser Sorte angebaut. In Deutschland beläuft sich die Anbaufläche zwar bisher nur auf 300 Hektar, aber auch hier ist der Cabernet Sauvignon allmählich auf dem Vormarsch.

Die Hauptaromen

Die Weine besitzen den Geruch und Geschmack von schwarzen Johannisbeeren, man spricht dabei auch von einem „Cassiston". Ganz besonders typisch ist aber das Aroma von grüner Paprika. Darüber hinaus findet man häufig noch Anklänge von Zedernholz, Minze und würzigen Noten. Der Geschmack ist kräftig, und bei jungen Weinen spürt man noch deutlich die Gerbstoffe (Tannine).

Die Besonderheiten

Cabernet Sauvignon zählt zu den sehr spät reifenden Rebsorten. Die Trauben enthalten besonders viele Farbstoffe und Tannine, wodurch der Wein eine tiefdunkle Farbe erhält und für einen Ausbau in Barriques hervorragend geeignet ist.

Die Weine sind im Allgemeinen auch jahrelang lagerfähig. Man kann sich also ruhig einen Vorrat mitnehmen.

Die beste Trinktemperatur

18–20 °C

Käseempfehlung

Ein Cabernet Sauvignon schmeckt sehr gut zu altem Gouda, Hartkäse wie Parmesan, aber auch zu gereiftem Emmentaler und Appenzeller.

Zu diesen Speisen passt der Wein

Rindfleisch mit dunklen Saucen
Steak
Lammbraten mit Gemüse
gut gewürzte Lammkoteletts
Hackfleisch-Auberginen-Auflauf
Wild in jeder Form
Wildgeflügel

GESPICKTE LAMMKEULE

Für 4–5 Portionen

1 Lammkeule (ca. 1,5 kg)
4–6 Knoblauchzehen
30 g Sardellen
schwarzer Pfeffer aus der Mühle
2 El scharfer, grober Senf
2 El Kräuter der Provence

Den Backofen auf 150 °C vorheizen (Umluft 130 °C). Die Lammkeule waschen und trocken tupfen. Knoblauchzehen schälen und in Stifte schneiden. Sardellen abspülen und halbieren.

Die Lammkeule mit einem spitzen Messer rundherum einstechen und in jeden Einstich einen Knoblauchstift und ein Stück Sardelle stecken. Die Keule mit Pfeffer kräftig würzen, mit Senf bestreichen und mit den Kräutern bestreuen.

Die Keule in eine Fettpfanne geben, eine Tasse Wasser dazugießen und im Backofen etwa 2–3 Stunden garen. In regelmäßigen Abständen etwas Flüssigkeit aus der Fettpfanne über den Braten gießen und bei Bedarf etwas mehr heißes Wasser dazugeben. Dazu passen grüne Bohnen und Duchesse-Kartoffeln.

Zubereitungszeit:
ca. 15 Minuten (plus Garzeit)

CABERNET SAUVIGNON *Chile*

Ein Cabernet aus der Neuen Welt ist meist etwas früher trinkreif und wirkt etwas süßlicher als der französische. Er passt hervorragend zu Steaks, Lamm, kräftigen dunklen Braten und natürlich zu Wild.

Wissenswertes

Chile erstreckt sich über eine Länge von 4.275 Kilometern, ist dabei aber kaum breiter als 150 Kilometer. Die Klimaunterschiede, etwa zwischen der heißen Atacamawüste im Norden und dem regnerischen Feuerland im Süden, sind daher extrem. Nahezu alle Rebflächen sind eben gelegen, von Weinbergen zu sprechen, wäre also in Chile nicht ganz richtig. Durch die unterschiedlichen klimatischen Bedingungen können in diesem Land fast alle Rebsorten angebaut werden. Davon profitiert gerade auch der Cabernet Sauvignon, der bestens mit heißen Temperaturen zurecht kommt und erst sehr spät voll ausreift. In kühleren Regionen, oder wenn die Herbstsonne frühzeitig zu schwach wird, wirken die Cabernetweine bei unzureichender Reife grün und die Tannine hart und unzugänglich.

Die Hauptaromen

Auch in Chile zeigt die Sorte ihren charakteristischen Ton von schwarzen Johannisbeeren sowie die sortentypische Paprikaaromatik. Daneben sind neben würzigen Noten zusätzlich auch Anklänge von Eukalyptus vorhanden. Der Geschmack ist ebenso kräftig wie beim Cabernet aus Europa, aber der Gesamteindruck im Mund erscheint durch den höheren Alkoholgehalt und die reifen Gerbstoffe ein bisschen süßlicher.

Die Besonderheiten

Den Chilenen und den Winzern aus den anderen Überseeländern mit Weinbautradition hat der Cabernet im Grunde viel zu verdanken. Diese Nationen waren die ersten, die den reinsortigen Cab, wie ihn die Kalifornier salopp nennen, auf den Markt brachten. Zuvor wurde er wie in Bordeaux im Allgemeinen als Cuvéepartner eingesetzt.

Die beste Trinktemperatur

18–20 °C

Käseempfehlung

Ebenso wie der Cabernet Sauvignon aus Frankreich eignet sich auch der chilenische gut zu Hartkäse wie Parmesan, aber auch zu gereiftem Emmentaler, altem Gouda und Appenzeller.

Zu diesen Speisen passt der Wein

Steak
Rindfleisch mit dunklen Saucen
Lammrücken mit Gemüse
kräftig gewürzte Lammkoteletts
Paprika-Auflauf
Wild in allen Varianten
Wildgeflügel

WILDSCHWEIN-MEDAILLONS MIT ROTKRAUT

Für 4 Portionen

1 Rotkohl (ca. 1 kg)
4 Boskop-Äpfel
1 kleine Zwiebel
1 El Butterschmalz
Salz, Pfeffer
2 Msp. gemahlene Gewürznelken
2 Msp. gemahlener Sternanis
2 El Balsamico
8 Wildschweinmedaillons (à 80 g)
8 Scheiben Frühstücksspeck
2 El Öl
100 ml Portwein
1 Glas Wildfond (400 ml)
2 El eingelegte grüne Pfefferkörner
1–2 El dunkler Saucenbinder

Äußere Blätter des Rotkohls entfernen, halbieren, Strunk entfernen, den Rotkohl in feine Streifen schneiden und waschen. Äpfel waschen, schälen, Gehäuse entfernen und in kleine Stücke schneiden. Zwiebel abziehen und in feine Würfel schneiden.

Butterschmalz in einem Topf erhitzen. Zwiebelwürfel darin glasig dünsten, salzen und pfeffern. Rotkohl, Nelken und Sternanis dazugeben und 5 Minuten weiterdünsten. Balsamico und etwas Wasser dazugeben, gut durchrühren, dann Äpfel dazugeben und zugedeckt bei schwacher Hitze ca. 30 Minuten schmoren, dabei mehrmals umrühren. Falls nötig, weiteres Wasser zufügen.

Fleisch waschen und trocken tupfen. Mit je 1 Scheibe Speck umwickeln, evtl. mit Holzspießchen feststecken. Öl in einer Pfanne erhitzen und das Fleisch darin rundherum (auch am Rand) kräftig anbraten. Dann die Hitze verringern und pro Seite ca. 5 Minuten fertig braten. Herausnehmen und warm stellen.

Bratensatz mit Portwein und Wildfond ablöschen, aufkochen und bei starker Hitze ca. 10 Minuten auf die Hälfte einkochen lassen. Pfefferkörner dazugeben. Saucenbinder einrühren und ca. 1 Minute köcheln. Medaillons mit der Sauce und dem Rotkohl anrichten. Dazu passen Kroketten.

Zubereitungszeit:
ca. 30 Minuten (plus Gar- und Bratzeit)

CHIANTI *Italien*

Der wohl bekannteste Qualitätswein Italiens kommt in den Varianten Chianti oder Chianti Riserva auf den Markt. Er passt hervorragend zu rotem Fleisch, Nudeln und reifem Käse.

Wissenswertes

Die Weinbezeichnung Chianti findet sich erstmals 1404 in einer notariellen Urkunde. Doch hatte man in der Toskana bereits seit den Etruskerzeiten Reben kultiviert, weshalb sie zu den ältesten Weinbaugebieten Europas zählt. Einen ersten Höhepunkt gab es ab dem 11. Jahrhundert, als die Stadtstaaten Florenz und Siena entstanden. Zu dieser Zeit begann durch den Bedarf der rasch wachsenden Städte die Blüte der toskanischen Weinkultur.

Der Wein gewann nach und nach ein so großes Prestige, dass sich der Großherzog der Toskana, Cosimo III., im Jahre 1716 veranlasst sah, zum Schutz vor Fälschungen die Produktionsgrenzen per Edikt abzusichern. Damit gilt die Region Chianti als ältestes abgegrenztes Weingebiet Europas.

Die Hauptaromen

Die Weine sind in zwei Versionen erhältlich, als normaler Jahrgangswein, Annata, und als Riserva. Der Annata ist ein meist fruchtiger, zartwürziger Wein, der ab dem 1. Oktober im Jahr nach der Weinlese in den Handel gelangen darf. Der Chianti Classico Riserva dagegen weist in der Regel einen größeren Körper auf und kommt erst nach zweijähriger Reifezeit in den Handel. Chianti präsentiert sich im Glas mit Anklängen von Gewürzen und Waldbeeren, im Mund zeigt er sich mit guter Struktur, elegant, rund und samtig.

Die Besonderheiten

Neben Sangiovese können für den Chianti auch andere zugelassene bzw. empfohlene rote Sorten bis maximal 20 Prozent verwendet werden. Dazu zählen die heimischen Sorten Canaiolo und Colorino oder internationale Sorten wie Cabernet Sauvignon, Merlot oder Syrah.

Die beste Trinktemperatur

16–18 °C

Käseempfehlung

Der Klassiker zu einem Chianti ist der Parmesan oder ein ähnlicher Hartkäse. Aber der Wein passt ebenfalls zu einem mittelalten, besser noch zu einem alten Gouda sehr gut.

Zu diesen Speisen passt der Wein

Pasta mit Pilz- oder Fleischsauce
gegrilltes Fleisch
Schmorbraten
Rindfleisch in allen Varianten
Wildschweinbraten

FLORENTINER OCHSENKOTELETT

Für 4 Portionen

4 Fleischtomaten
2 rote Zwiebeln
4 Ochsenkoteletts
(etwa 3 cm dick)
4 Rosmarinzweige
4 Knoblauchzehen
3 El Olivenöl
100 g schwarze Oliven ohne Stein
Meersalz
schwarzer Pfeffer
1 unbehandelte Zitrone zum Garnieren

Den Backofen auf 200 °C (Umluft 180 °C) vorheizen. Die Tomaten kreuzweise einritzen, mit kochendem Wasser überbrühen, den Stielansatz entfernen, Tomaten häuten.

Zwiebeln schälen und Tomaten und Zwiebeln in schmale Spalten schneiden.

Koteletts waschen und trocken tupfen. Rosmarin waschen, trocken schütteln, die Nadeln abzupfen und fein hacken. Knoblauch schälen und halbieren.

In einer Pfanne das Öl erhitzen und die Koteletts darin portionsweise von beiden Seiten scharf anbraten. Auf ein Blech legen und im vorgeheizten Ofen etwa 10 Minuten garen. Nach der Hälfte der Garzeit Rosmarin, Knoblauch, Oliven und Tomaten zugeben. Zitrone waschen, trocken tupfen und in Scheiben schneiden.

Die Koteletts aus dem Ofen nehmen, mit Meersalz und Pfeffer würzen, mit den Zitronenscheiben garnieren und servieren. Als Beilage eignen sich Bratkartoffeln und Salat oder Saisongemüse.

Zubereitungszeit:
ca. 25 Minuten (plus Garzeit)

DORNFELDER *Deutschland*

Die erst 1955 durch eine Kreuzung entstandene Sorte zählt zwar geschichtlich noch zu den Neuzüchtungen, sie hat sich aber bereits als deutscher Rotweinklassiker etabliert.

Wissenswertes

Die Sorte verdankt ihren Namen dem Weinbaufachmann Imanuel Dornfeld, der den Anstoß zur Gründung der bekannten Weinbauschule Weinsberg in Württemberg gab. Dort kreuzte 1955 August Herold aus anderen, heute unwichtigen Kreuzungen den Dornfelder. Es dauerte einige Jahre, bis er sich unter den Winzern etablierte, obwohl sozusagen seine Großväter bekannte Namen wie Trollinger, Lemberger, Portugieser und Frühburgunder trugen.
Anfänglich wurde er nur als Deckrotwein zum Verschnitt mit hellen Rotweinen benutzt, um diesen eine dunklere Farbe zu geben. Erst Mitte der siebziger Jahre begann man allmählich das Potenzial des Dornfelders als eigenständige Sorte zu erkennen. Heute zählt er aber zu den beliebtesten Rotweinen aus deutschen Landen.

Die Hauptaromen

Die Sorte wird vornehmlich als trockener Rotwein, aber auch halbtrocken ausgebaut. Es gibt zwei unterschiedliche Ausbaustile. Der erste betont die intensiven Fruchtaromen wie Sauerkirsche, Brombeere und Holunder und wird jung auf den Markt gebracht. So ist teilweise der neue Jahrgang bereits ab dem Spätherbst zu kaufen.
Andere Winzer bauen den Dornfelder im Holzfass aus. Das gibt dem Wein mehr Gerbstoffe und Struktur.

Die Besonderheiten

Der Dornfelder ist bereits an seiner tiefdunklen Farbe zu erkennen. Weine, die man noch im selben Jahr oder zum Jahresanfang kaufen kann, eignen sich am besten zu Vorspeisen und Braten. Weine, die erst ab dem Frühjahr angeboten werden, sind meist kräftiger und passen auch gut kräftigeren Braten, Wild oder Käse.

Die beste Trinktemperatur

16–18 °C

Käseempfehlung

Ein Dornfelder überzeugt vor allem als Begleiter von Allgäuer Emmentaler, zu halbfesten Schnittkäsen, wie etwa Butterkäse, außerdem zu Edamer und Gouda sowie zu würzigen Käsesorten.

Zu diesen Speisen passt der Wein

Wildpasteten
Rinderbraten
Lamm
Rouladen
Wildgeflügel
Wildgerichte

RINDERGULASCH MIT NUDELN

Für 4 Portionen

500 g kleine Zwiebeln
2 Fleischtomaten
700 g Rindergulasch
20 g Butterschmalz
250 ml Fleischbrühe
Salz
Pfeffer
1 El edelsüßes Paprikapulver
1 Lorbeerblatt
6 Wacholderbeeren
500 g Bandnudeln
1 Tl Preiselbeerkompott
150 g saure Sahne

Die Zwiebeln schälen und vierteln. Die Tomaten kreuzweise einritzen, mit kochendem Wasser überbrühen, häuten, Stielansätze und Kerne entfernen und das Fruchtfleisch würfeln.

Das Fleisch säubern. Das Butterschmalz in einem Bräter erhitzen und das Fleisch darin von allen Seiten kräftig anbraten. Die Zwiebeln zugeben und goldgelb braten.

Die Fleischbrühe angießen, die Gewürze und Tomatenwürfel hinzufügen und das Gulasch etwa 1 Stunde und 30 Minuten schmoren, bis das Fleisch weich ist. Dann das Lorbeerblatt entfernen.
Die Nudeln nach Packungsanweisung bissfest garen. Abgießen und abtropfen lassen.

Die Preiselbeeren mit der sauren Sahne verrühren und unter das Gulasch rühren. Anschließend abschmecken und mit den Nudeln servieren.

Zubereitungszeit:
ca. 25 Minuten (plus Brat-, Schmor- und Garzeit)

LAMBRUSCO *Italien*

Diesen perlenden Wein hat wohl schon jeder einmal irgendwann auf einer Party getrunken. In guten Qualitäten aber schmeckt er zu italienischen Vorspeisen und leichter Küche.

Wissenswertes

Die uralte rote Rebsorte wurde wahrscheinlich schon von den Etruskern kultiviert. Cato der Ältere bezeichnete sie bereits im 2. Jahrhundert v. Chr. als „Trecenaria", Dreihunderter, weil sie enorm ertragreich war und auf einem Morgen Land 300 Amphoren Wein erbrachte. Heute ist die Sorte vorwiegend in der Region Emilia-Romagna beheimatet, aber auch in der Lombardei, in Apulien, Basilikata, Piemont und Sizilien verbreitet.

Vom Lambrusco gibt es etwa 60 verschiedene Spielarten. Die beiden häufigsten sind Lambrusco Maestri und Lambrusco Salamino. Insgesamt belegen die Lambrusca-Spielarten 12.500 Hektar Rebfläche. Früher wurden diese Weine als fast schon limonadenähnliches Massenprodukt hergestellt und waren weltweit das typische Alltagsgetränk in den italienischen Lokalen. Seit ein paar Jahren besinnt man sich aber wieder auf die Qualität, die ein Lambrusco prinzipiell haben kann. Die Weine haben stets einen geringen Alkohol-Gehalt von höchstens 10,5 Prozent, das ist gesetzlich vorgeschrieben.

Die Hauptaromen

Je nach Geschmacksrichtung duften die Weine mehr oder weniger deutlich nach Erdbeeren oder Kirschen. Sie haben wenig Tannine, schmecken erfrischend, fruchtig und haben meist einen leicht bitteren Nachgeschmack.

Die Besonderheiten

Den Hauptanteil stellen hellfarbene kirschrote, leicht prickelnde Rotweine. Es werden mittlerweile aber auch Roséweine und sogar weiß gekelterte Weine produziert. Man braucht sich daher nicht zu wundern, wenn man einmal einen Lambrusco Bianco im Regal stehen sieht. Dazu wurden die Trauben sofort gepresst, dann bleibt der Most hell.

Die beste Trinktemperatur

10–12 °C

Käseempfehlung

Im Allgemeinen ist der Lambrusco nicht gerade ein idealer Partner zum Käse. Wenn man aber einmal einen Lambrusco Rosé mit etwas Restsüße hat, passt er am besten zu Frisch- und Hüttenkäse.

Zu diesen Speisen passt der Wein

leichte italienische Vorspeisen
leichte Salate
Pizza
leicht gewürzte Gerichte
mit gekochtem Fisch
gedünsteter Fisch ohne Tomaten

PIZZASCHNECKEN

Für 12 Stück

300 g Mehl
42 g frische Hefe
1 Prise Zucker
100 g Kräuterschmelzkäse
½ Tl Salz
5 El Tomatenmark
1 Zwiebel
1 Zucchini
50 g roher Schinken
Pfeffer
1 El getrockneter Thymian
Mehl für die Arbeitsfläche
Fett für das Blech

Das Mehl in eine Schüssel sieben, eine Mulde hineindrücken, die Hefe hineinbröckeln, 1 Prise Zucker darüberstreuen. Kräuterschmelzkäse würfeln und mit 1 Prise Salz an den Rand der Schüssel geben. 150 ml lauwarmes Wasser in und um die Mulde gießen. Daraus mit den Knethaken des Handrührers einen glatten Hefeteig herstellen und abgedeckt an einem warmen Ort gehen lassen, bis er das doppelte Volumen erreicht hat.

Den Teig zu einem Rechteck (20 x 30 cm) ausrollen, das Tomatenmark daraufstreichen, dabei 1 cm Rand frei lassen.

Die Zwiebel schälen, die Zucchini waschen und putzen, beides würfeln. Den rohen Schinken in Streifen schneiden. Alles auf dem Tomatenmark verteilen und mit Salz, Pfeffer und Thymian bestreuen.

Den Teig von der langen Seite her zusammenrollen, den Rand festdrücken. Die Teigrolle in 12 Scheiben schneiden und mit der Schnittseite auf ein gefettetes Backblech legen. 10 Minuten gehen lassen, dann im Ofen bei 200 °C (Umluft 180 °C) etwa 20 Minuten backen.

Zubereitungszeit:
ca. 30 Minuten (plus Geh- und Backzeit)

LEMBERGER *Deutschland*

Dieser Wein verbreitet im Mund eine beinahe südländische Wärme. Je nach Ausbaustil ist er ein guter Begleiter zur sommerlich-leichten Grillgerichten oder zu Wild.

Wissenswertes

Die Lembergertraube hat ihren Ursprung in den Weingärten am unteren Donaulauf. In der zweiten Hälfte des 18. Jahrhunderts wurde sie in Österreich angebaut. Dort wächst der Lemberger heute noch im Burgenland und in der Nähe Wien unter dem Namen „Blaufränkisch", in Ungarn dagegen heißt er „Kékfrankos". Im 19. Jahrhundert fasste er auch im Königreich Württemberg Fuß. Eine so genannte „Weinverbesserungsgesellschaft" förderte damals den Anbau dieser hochwertigen Sorte.

Der Württemberger Lemberger galt übrigens auch als Haustrunk des ersten Bundespräsidenten Theodor Heuss – aber auch Fürst Bismarck und Napoleon sollen ihn sehr geschätzt haben.

Die Hauptaromen

Lemberger kommen in verschiedenen Varianten vor. Da gibt es die leichteren, fruchtigen Tropfen, aber auch extrakt- und tanninreiche Rotweine. Meist sind die Weine schwarzrot. Im Duft zeigen sie ein verhaltenes bis kräftiges Aromabild, das an Brombeeren, Süß- oder Sauerkirschen, Pflaumen, Johannisbeeren, Stachelbeeren, Holunder, manchmal auch an Bananen und Kakao oder an grüne Bohnen oder grüne Paprika erinnert. Im Geschmack zeigen sich die Rotweine je nach Ausbauweise fruchtig oder gerbstoffbetont und mit einem lang anhaltenden Nachklang.

Die Besonderheiten

Eine gute Säurestruktur, Extrakte und Tannine machen den Lemberger lange haltbar. Zum Teil bauen Winzer und Weingärtnergenossenschaften den Lemberger auch mit Trollinger aus, der dann je nach Sortenanteil als „Lemberger mit Trollinger" oder „Trollinger mit Lemberger" angeboten wird und teilweise eine deutliche Restsüße enthält.

Die beste Trinktemperatur

16–18 °C

Käseempfehlung

Der Lemberger schmeckt besonders gut zu fettarmem Blauschimmelkäse, Feta, Allgäuer Emmentaler und reifem Bergkäse.

Zu diesen Speisen passt der Wein

Fleischpasteten
Grillgerichte
Zwiebelrostbraten
Schmorbraten
gebratenes Geflügel
Lammkotelett
Vesper
Rinderbraten

RINDERBRATEN MIT CHAMPIGNONS

Für 4 Portionen

75 g durchwachsener Speck
150 g Schalotten
3 El Butterschmalz
1 kg Rinderbraten
Salz
Pfeffer
2 El Mehl
500 ml trockener Rotwein
500 ml Fleischbrühe
2 El Tomatenmark
2 Knoblauchzehen
1 Bund gemischte Kräuter der Provence
200 g Champignons
2 El Butter

Den Speck in kleine Würfel schneiden. Die Schalotten schälen. Das Butterschmalz in einem Bräter erhitzen und den Speck mit den Schalotten darin goldbraun schmoren. Aus dem Bräter nehmen.

Das Fleisch waschen, trocken tupfen und mit Salz und Pfeffer einreiben. Den Backofen auf 160 °C (Umluft 140 °C) vorheizen.

Das Fleisch im Bräter von allen Seiten gut anbraten und herausnehmen. Das Mehl ins Bratfett geben, anrösten und mit Wein und Brühe ablöschen. Das Tomatenmark einrühren.

Den Knoblauch schälen und hacken. Mit dem Fleisch in den Bräter geben, Speck, Schalotten und Kräuter hinzufügen. Im Ofen etwa 2 Stunden schmoren.

Die Pilze putzen, feucht abreiben und in der Butter anbraten. Mit Salz und Pfeffer würzen. 30 Minuten vor Ende der Garzeit zum Fleisch geben.

Das Fleisch aus dem Bräter nehmen, die Kräuter entfernen und die Sauce abschmecken. Den Braten mit Nudeln servieren.

Zubereitungszeit:
ca. 20 Minuten (plus Brat- und Schmorzeit)

MERLOT *Frankreich*

Die Weine aus dieser edlen Rebsorte duften verführerisch nach dunklen Früchten und sind vollmundig und fruchtig. Sie eignen sich bestens zu Rindfleisch, Geflügel und Wildgerichten.

Wissenswertes

Merlot zählt neben dem Cabernet Sauvignon zu den bekanntesten roten Sorten der Welt. Die Rebsorte stammt aus den zu Bordeaux zählenden Gebieten Saint Emillon und Pomerol. Ihr Name ist aus dem französischen Wort „merle", Amsel, abgeleitet. In seiner Heimat Bordeaux steht der Merlot im Rebsortenspiegel an erster Stelle, landesweit nimmt er den dritten Platz ein.

Früher oft als Partner in Cuvées verwendet, wird Merlot seit den 1980er Jahren mehr und mehr sortenrein abgefüllt. Das gilt auch für andere Länder, in denen die Sorte inzwischen weit verbreitet ist. Vor allem in Italien, Chile, Kalifornien und Südafrika werden heute gute bis hervorragende Merlotweine produziert. Die Traube hat nun sogar auch in Deutschland den Sprung in die Top Ten der Rotweinsorten geschafft, obwohl sie offiziell erst seit 1997 angepflanzt werden darf. Auch hier bringt sie beachtliche Weine hervor.

Die Hauptaromen

Die recht dunklen Weine erinnern im Geruch häufig an Pflaumen, Brombeeren, Himbeeren und Kirschen, dazu weisen sie oft zartwürzige Aromen auf. Wenn sie in kleinen Holzfässern lagerten, kommen noch Schokolade, Tabak und Lakritz hinzu. Im Mund zeigen sie sich vollmundig, aber weich und geschmeidig. Das macht sie vielen Weinfreunden leichter zugänglich als etwa die kräftigeren Weine aus der Sorte Cabernet Sauvignon.

Die Besonderheiten

Zu welchen Höchstleistungen die Rebsorte fähig sein kann, beweist sie in Pomerol. Ein Wein aus diesem Gebiet namens „Petrus" zählt zu den teuersten Weinen der Welt und ist nahezu ein sortenreiner Merlot.

Die beste Trinktemperatur

18–20 °C

Käseempfehlung

Ein Merlot harmoniert bestens mit der cremigen Konsistenz eines Weichkäses mit Weißschimmel, also mit Camembert und Brie.

Zu diesen Speisen passt der Wein

Pasta mit Fleischsauce
Rinderbraten
Schmorbraten
Entenbrust
Gänsebraten
Steaks
Wildgerichte

FESTTÄGLICHE ENTENBRUST

Für 4 Portionen

2 Entenbrüste (à 350–400 g)
Salz
Pfeffer
4 Stiele frischer Thymian
6 Schalotten
250 ml trockener Rotwein
400 ml Entenfond oder Hühnerbrühe
2 Tl rotes Johannisbeergelee
1–2 El Saucenbinder für dunkle Saucen

Entenbrüste waschen und trocken tupfen. Auf der Fleischseite Sehnen und Fett entfernen. Die Haut mit einem scharfen Messer vorsichtig kreuzweise einschneiden, ohne das Fleisch zu verletzen.

Backofen auf 200 °C (Umluft 180 °C) vorheizen. Entenbrüste salzen, pfeffern und ohne Fett in einen Bräter oder eine ofenfeste Pfanne geben. Auf der Hautseite 5 Minuten anbraten, wenden und auch von der Fleischseite 2–3 Minuten kräftig anbraten. Entenbrüste in den Backofen schieben und ca. 18 weitere Minuten garen.

Frischen Thymian waschen, trocken schütteln und Blättchen abzupfen. Etwas zum Garnieren beiseitelegen. Schalotten schälen und in Spalten schneiden. Fleisch herausnehmen. In Alufolie wickeln und ca. 10 Minuten ruhen lassen. Bratfett bis auf ca. 2 El abschöpfen.

Schalotten im Bratfett anbraten und mit Wein und Fond ablöschen. Thymian und Gelee einrühren, aufkochen. 8–10 Minuten auf die Hälfte einkochen lassen. Saucenbinder einstreuen, kurz aufkochen und abschmecken. Entenbrüste aus der Folie nehmen und den darin angesammelten Fleischsaft zur Sauce gießen.

Die Entenbrüste in Scheiben schneiden, auf Tellern anrichten und mit etwas Thymian garnieren. Dazu schmecken Feldsalat und Kartoffelpüree.

Zubereitungszeit:
ca. 20 Minuten (plus Brat-, Back- und Kochzeit)

MONTEPULCIANO *Italien*

Vom Montepulciano gibt es mehrere Varianten. Etwa den Montepulciano d'Abruzzo oder den Rosso di Montepulciano aus der Toskana. Beide passen bestens zu Nudeln und Fleisch.

Wissenswertes

Benannt wurde die Rebsorte Montepulciano nach der auf einem 600 Meter hohen Hügel liegenden gleichnamigen Stadt in der Provinz Siena. Die Rebe ist in ganz Mittelitalien vor allem in den Regionen Abruzzen, Marken und Molise auf etwa 32.000 Hektar Rebflächen verbreitet. Sie stellt damit neben dem Sangiovese die wichtigste Rebsorte Mittelitaliens dar.

Das Hauptanbaugebiet liegt aber in den Abruzzen, wo der Wein Montepulciano d'Abruzzo prodziert wird. Meist enthält dieser Wein noch einen kleinen Anteil Sangiovese, was ihn etwas fruchtiger und kraftvoller werden lässt. Darüber hinaus wird die Traube auch in Umbrien und Apulien angebaut.

Es gibt aber auch noch einen Rosso di Montepulciano. Dieser stammt aus der Toskana und wird hauptsächlich aus einem Sangiovese-Klon hergestellt.

Die Hauptaromen

Die aus den Trauben der Rebsorte Montepulciano erzeugten Rotweine sind farbintensiv, oft tiefdunkel, feinwürzig, kräftig und manchmal auch ziemlich alkoholreich. In der Regel duften sie nach dunklen Beeren, vor allem Brombeeren, und feinen würzigen Noten. Sie sind gut lagerfähig, werden aber meist schon jung getrunken.

Die Besonderheiten

Die Namensähnlichkeit zwischen der Rebsorte und dem daraus erzeugten Wein Montepulciano d'Abruzzo sowie der toskanischen Stadt Montepulciano und dem dort produzierten Vino Nobile di Montepulciano führt oft zu Verwechslungen. Jedoch wird die Rebsorte in der Umgebung von Montepulciano überhaupt nicht angebaut. Der hier hergestellte berühmte Vino Nobile di Montepulciano wird zum größten Teil aus einer Variante der Sangiovese-Traube erzeugt und enthält keinen Tropfen der Rebsorte Montepulciano.

Die beste Trinktemperatur

16–18 °C

Käseempfehlung

Die Weine ergänzen sich sehr gut mit Parmesan oder ähnlichen Hartkäsen. Darüber hinaus schmecken sie auch zu einem reiferen Peccorino sowie zu einem gereiften Gouda.

Zu diesen Speisen passt der Wein

Pasta mit und ohne Fleischsaucen
Pizza
gegrilltes Fleisch
Rinderbraten
Hüftsteaks
Gänsebraten

GEMÜSESCHNITZEL

Für 4 Portionen

300 g Blumenkohl
300 g Kürbis
Salz
Pfeffer
Zitronensaft
4 Eier
100 g Weizenvollkornmehl
500 g Paniermehl
100 ml Öl

Den Blumenkohl waschen und in kleine Röschen teilen. Den Kürbis schälen und in 1 cm dicke Scheiben schneiden. Beides in kochendem Salzwasser ca. 1 Minute blanchieren. Herausnehmen, abtropfen lassen, mit Salz und Pfeffer würzen und mit Zitronensaft beträufeln.

Die Eier auf einem Teller verquirlen. Mehl und Paniermehl auf getrennte Teller geben.

Das Öl erhitzen. Das Gemüse nacheinander in Mehl, Eiern und Paniermehl wenden und im Öl goldgelb ausbacken.

Dazu passt Kräuterquark.

Zubereitungszeit: ca. 20 Minuten (plus Garzeit)

NERO D'AVOLA *Italien*

Weine aus der Rebsorte Nero d'Avola bringen meist sehr fruchtbetonte Weine mit samtigem Körper hervor. Sie sind sehr gute Begleiter zur italienischen Küche und zu dunklem Fleisch.

Wissenswertes

Die Rebsorte wird fast ausschließlich auf Sizilien angebaut. Der Nero d'Avola, „der Schwarze aus Avola" ist nach dem kleinen Städtchen im Südosten der Insel zwischen Syrakus und Noto benannt. Von dort breitete sich die Traube fast auf der gesamten Insel aus. Sie gilt als eine der traditionellsten Rebsorten Siziliens und wird dort auch Calabrese genannt. Daher vermuten viele, dass sie irgendwann aus der Region Kalabrien kam. Wahrscheinlicher aber ist, dass die Vorläufer dieser Rebe in Griechenland zu suchen sind. Denn Calabrese ist im Grunde eine Abwandlung des sizilianischen Dialektnamens Calaurisi, was man mit „Traube aus Avola kommend" übersetzen kann.

Ursprünglich wurden daraus einfache Zechweine gemacht. Inzwischen sind aber vor allem jüngere Winzer davon überzeugt, dass man durch Ertragsbeschränkung aus dieser Rebsorte hochwertige Weine erzeugen kann.

Die Hauptaromen

Der Wein präsentiert sich mit Aromen von Süßkirschen, Beeren und feinen würzigen Noten. Im Mund zeigt er sich mit reifen Fruchtnoten, samtig, aber temperamentvoll und mit einer harmonischen Tanninstruktur.

Die Besonderheiten

Früher war die Sorte zumeist Bestandteil von Cuvées oder wurde wegen ihrer Farbe als Verschnittpartner von helleren Festlandsweinen eingesetzt. Seit einigen Jahren wird Nero d'Avola auf Sizilien auch oft im Verschnitt mit Cabernet Sauvignon, Merlot oder Syrah verwendet. In letzter Zeit aber erlebt die Sorte eine Renaissance und wird zunehmend auch sortenrein eingesetzt. Sie bringt, daher auch der Name, meist tiefdunkle Weine mit kräftigem Alkoholgehalt und guter Struktur.

Die beste Trinktemperatur

16–18 °C

Käseempfehlung

Die Weine passen gut zu Allgäuer Emmentaler, mittelaltem Peccorino und Gouda und reifem Bergkäse sowie zu fettarmen Blauschimmelkäsesorten.

Zu diesen Speisen passt der Wein

Pizza in allen Varianten
Pasta mit Fleischsaucen
gegrilltes Fleisch
Braten mit dunklen Saucen
Hüftsteaks
Lammkoteletts

CHILI CON CARNE

Für 4 Portionen

250 g rote Bohnen
1,5 l Fleischbrühe
1 Zwiebel
1 Knoblauchzehe
2 El Butterschmalz
500 g Rinderhackfleisch
Salz, Pfeffer
1 Tl Chilipulver
1 El Paprikapulver, edelsüß
250 g Tomaten (aus der Dose)
Speisestärke

Die Bohnen über Nacht in Wasser einweichen. Abgießen und in der Brühe etwa 1 Stunde garen. Die Zwiebel und die Knoblauchzehe schälen, hacken und in dem erhitzten Butterschmalz glasig schmoren. Das Hackfleisch zugeben und krümelig braten.

Das Hackfleisch zu den gegarten Bohnen geben und mit Salz, Pfeffer, Chili und Paprika würzen. Die Tomaten hinzufügen und alles weitere 30 Minuten köcheln. Abschmecken und nach Bedarf mit Speisestärke binden.

Zubereitungszeit:
ca. 20 Minuten (plus Brat-, Schmor- und Garzeit)

PINOTAGE *Südafrika*

Die in Südafrika gezüchtete Rebsorte bringt im Allgemeinen mittelschwere und fruchtige Weine hervor. Sie eignen sich besonders als Begleiter zu dunklem Fleisch und zu Nudeln.

Wissenswertes

Der südafrikanische Professor Abraham Perold kreuzte im Jahre 1925 an der Universität von Stellenbosch die Rebsorten Pinot Noir und Cinsault zum Pinotage. Die Traube ist also ein echter Südafrikaner. Erstmals Wein wurde aber erst im Jahre 1941 daraus gewonnen. Im Jahre 1959 wurde schließlich von der Stellenbosch Farmer´s Winery ein Wein produziert, der zwei Jahre später unter dem Namen Pinotage verkauft wurde. Die Sorte hatte schnell großen Erfolg und heute hat Pinotage einen festen Platz in der Rebsortenstruktur des Landes. Pinotage wird auch gerne als Basis für gute Cuvées verwendet, die man in Südafrika „Cape Blends" nennt.

Die Hauptaromen

Die Weine sind dunkel in der Farbe, angenehm würzig und betont fruchtig mit Aromen von Blaubeeren und anderen Waldfrüchten, manchmal auch Bananen oder Pflaumen. Im Mund sind sie fruchtbetont, dezent würzig, vollmundig, mit dezenter Süße und oft mit einer zarten Bitternote versehen. Durch den Kontakt mit Holz in Form von Fässern oder Chips können sie zusätzlich noch feine Röstaromen aufweisen. Die Tannine sind mild, weshalb Pinotage so süffig wirkt.

Die Besonderheiten

Der Name leitet sich von Pinot Noir und Hermitage ab, wobei letzteres ein in Südafrika früher verwendetes Synonym für Cinsault ist. Wie stolz die südafrikanischen Winzer auf ihre eigenständige Sorte sind, lässt sich daran erkennen, dass sie 1995 eine „Pinotage Association" gründeten, die heute über 200 Mitglieder hat. Beim jährlichen Wettbewerb werden dann die Pinotage Top Ten ermittelt, die zu den besten Weinen des Landes zählen.

Die beste Trinktemperatur

16–18 °C

Käseempfehlung

Ein Pinotage harmoniert ebenfalls gut mit der Cremigkeit eines Weichkäses mit Weißschimmel, also zu Camembert und Brie.

Zu diesen Speisen passt der Wein

Nudeln mit Fleischsauce
Rinderbraten
Steaks
Lamm
Entenbrust
Gänsebraten
Wildgerichte

LAMMKOTELETTS MIT KRÄUTERKRUSTE

Für 4 Portionen

16 Lammkoteletts
4 Knoblauchzehen
5 El Olivenöl
2 El Pastis
2 El getrocknete Kräuter der Provence, Pfeffer
2 Zucchini
1 gelbe Paprikaschote
1 Aubergine
2 El Butter, Salz
½ Bund frisch gehackte Kräuter der Provence
2 El Semmelbrösel

Die Lammkoteletts waschen, trockentupfen und in eine flache Form legen. Die Knoblauchzehen schälen und in Scheiben schneiden. Mit Öl, Pastis, Kräutern der Provence und Pfeffer mischen und 3/4 davon über die Lammkoteletts geben. Das Fleisch abgedeckt etwa 2 Stunden durchziehen lassen.

Zucchini, Paprikaschote und Aubergine putzen und waschen. Paprikaschote entkernen und in 3 cm große Stücke schneiden. Zucchini und Aubergine in 1,5 cm dicke Scheiben schneiden.

Das Gemüse in kochendem Salzwasser etwa 2 Minuten blanchieren, herausnehmen und gut abtropfen lassen. Gemüse abwechselnd auf Spieße stecken und mit der restlichen Marinade bestreichen. Im Kühlschrank 45 Minuten durchziehen lassen.

Das Fleisch aus der Marinade nehmen und abtropfen lassen. Fleisch und Gemüsespieße auf dem heißen Grill etwa 10 bis 15 Minuten grillen, dabei mehrmals wenden.

Die Butter mit etwas Salz, der Hälfte der gehackten Kräuter und Semmelbröseln mischen und nach dem letzten Wenden auf die Koteletts streichen.

Zubereitungszeit: ca. 25 Minuten (plus Marinier-, Blanchier- und Grillzeit)

PORTUGIESER *Deutschland*

Der leichte, duftige Rotwein gilt als unkomplizierter, süffiger und frischer Schoppenwein. In der Küche ist er als Begleiter nicht allzu kräftiger Gerichte sehr beliebt.

Wissenswertes

Der Portugieser weist häufig in der Farbe ein helles Rubinrot auf und ist im Alkohol meist leichter als andere Rotweine.

In Bezug auf die Anbaufläche ist der Portugieser nach dem Spätburgunder und dem Dornfelder die drittwichtigste rote Rebsorte in Deutschland. Insgesamt wird diese Traube auf rund 4.500 Hektar angebaut, das sind fast fünf Prozent der gesamten deutschen Rebfläche. Dabei gibt es deutliche regionale Schwerpunkte. Die Nummer Eins im Portugieseranbau ist die Pfalz, mit etwa 50 Prozent, gefolgt von Rheinhessen mit 1.700 Hektar.

Die Trauben reifen früh und können als Qualitätswein manchmal schon in der ersten Septemberhälfte geerntet werden. Im Gegensatz zu vielen anderen Rotweinen ist der Portugieser für eine jahrelange Lagerung meistens nicht unbedingt geeignet. Man sollte ihn also am besten innerhalb eines Jahres nach dem Kauf genießen. In diesem Zeitrahmen schmeckt er einfach am besten.

Die Hauptaromen

Die Sorte hat einen relativ verhaltenen Duft. Im Aroma sind Anklänge von Beeren, vorwiegend roten Johannisbeeren, Himbeeren oder Erdbeeren, zu entdecken. Manchmal duftet er außerdem nach Sauerkirschen und kann einen sehr zarten Pfefferton aufweisen. Er schmeckt zartfruchtig, mit dezenten würzigen Noten und weist häufig eine belebende Säure auf.

Die Besonderheiten

Portugieser kann ruhig etwas kühler getrunken werden, speziell in den wärmeren Monaten. Das verstärkt den erfrischenden Charakter des leichten Rotweins.

Da der Gehalt an Gerbstoffen (Tanninen) niedriger ist als etwa beim Spätburgunder oder gar bei einem Cabernet Sauvignon, ist ein Portugieser auch bei Weintrinkern beliebt, die sonst wegen der Tannine keinen Rotwein mögen.

Die beste Trinktemperatur

14–18 °C

Käseempfehlung

Zum Portugieser eignet sich am besten ein milder Schafskäse.

Zu diesen Speisen passt der Wein

kräftige Suppen
Salate mit Fleischstreifen
Pasta mit Fleisch- oder Sahnesaucen
Innereien
Geschnetzeltes

PIKANTE LEBER

Für 4 Portionen

1 kg Schweineleber
2–3 El Mehl
Öl zum Braten
Salz
Pfeffer
8 Knoblauchzehen
5 Zweige Oregano
125 ml Rotweinessig
125 ml Olivenöl
1 El Rosenpaprika

Die Schweineleber parieren und in mundgerechte Streifen schneiden. Leberstreifen in etwas Mehl wenden. Öl in einer Pfanne erhitzen und die Leberstreifen darin rundherum anbraten, anschließend salzen, kräftig pfeffern und beiseite stellen.

Dann eine Marinade bereiten: Den Knoblauch schälen und in einen Mörser oder Mixer geben. Den Oregano waschen, trockenschütteln und klein hacken. Gehackten Oregano zum Knoblauch in den Mörser bzw. Mixer geben.

Alles zu einem Brei zerstoßen oder im Mixer fein pürieren. Den Essig, das Olivenöl und das Paprikapulver dazugeben, unterrühren und mit Salz und Pfeffer abschmecken. Falls die Marinade zu dickflüssig ist, etwas Wasser darunter rühren.

Die Marinade über die Leber verteilen und zugedeckt über Nacht ziehen lassen. Am nächsten Tag alles in einen Topf geben, unter Rühren aufkochen und etwa 15 Minuten schmoren lassen. Noch heiß mit Weißbrot servieren.

Zubereitungszeit: ca. 20 Minuten
(plus Zeit zum Ziehen und Garzeit)

RIOJA *Spanien*

Die Weine aus der bekanntesten Region Spaniens sind angenehm fruchtig und mit feiner Würze versehen. Sie eignen sich besonders zu dunklen Fleischgerichten und mittelkräftigem Käse.

Wissenswertes

Am Mittellauf des Ebro erstreckt sich auf 120 Kilometer Länge und 40 Kilometer Breite Spaniens bekannteste Region: Rioja. Ausgrabungen deuten darauf hin, dass bereits die Römer dort Weinberge bewirtschaftet hatten.

Nachweislich lassen sich die Anfänge des Weinbaus in der Rioja aber erst um das 11. Jahrhundert datieren. Nach der Befreiung Riojas von den Mauren verhalfen Zisterzienser-Mönche dem Weinbau zu einer ersten Blüte. Gegen Mitte des 19. Jahrhunderts vernichtete die Reblaus in Bordeaux die Anbauflächen und plötzlich interessierten sich Weinhändler aus allen Ländern für Weine aus dem damals noch verschonten Rioja. Außerdem ließen sich arbeitslos gewordene Winzer aus Bordeaux in der Rioja nieder und brachten so neue Impulse für die Arbeiten im Weinberg und im Keller.

Die Hauptaromen

In Rioja gibt es zwei Hauptsorten, einerseits die sehr duftige Tempranillorebe, andererseits die kräftige, oft sehr rauhe Garnachatraube. Wenn beide Sorten miteinander verschnitten werden, erreicht man den klassischen Rioja-Stil.

Die Weine duften je nach Cuvéepartner nach Kirschen, Brombeeren, Himbeeren, Pflaumen, Gewürzen wie Nelke, Zimt und Liebstöckel sowie nach erdigen Aromen.

Die Besonderheiten

Ihren hohen Stellenwert in der Welt verdanken die Rioja-Weine hauptsächlich der Sorte Tempranillo. Sie verleiht den Weinen Eleganz, eine kräftige Farbe, harmonische Säure, eine Fülle sehr feiner fruchtiger Aromen und eine bemerkenswerte geschmackliche Komplexität.

Die beste Trinktemperatur

18–20 °C

Käseempfehlung

Ein Rioja schmeckt vor allen Dingen sehr gut zu Schnittkäse wie Appenzeller, Edamer oder Gouda. Aber auch zu cremigen Sorten wie Camembert und Brie, sofern diese nicht zu intensiv schmecken, eignet sich ein Gläschen.

Zu diesen Speisen passt der Wein

roher Schinken
Pasta mit Fleischsaucen
Pizza mit Wurstbelag
Lammkoteletts
Rinderbraten
Lammbraten
gegrilltes Fleisch

LAMMKEULE AUS DEM OFEN

Für 4 Portionen

1 kg Lammkeule
3 El Öl
je ½ Tl getrockneter Rosmarin, Thymian, Majoran
Salz
1 Zwiebel
1 Lauchstange
1 Möhre
250 ml Lammfond
Rotwein
125 ml Sahne
2 El Mehl

Die Lammkeule waschen und trocken tupfen, von Haut und Sehnen befreien. Das Öl mit den Kräutern und Salz zu einer Paste verrühren, die Keule damit einreiben und über Nacht im Kühlschrank durchziehen lassen.

Den Backofen auf 180 °C (Umluft 160 °C) vorheizen. Die Lammkeule in die Fettpfanne oder einen großen Bräter legen und im Ofen etwa 2 Stunden schmoren. Nach 40 Minuten 250 ml heißes Wasser angießen, Fleisch immer wieder mit Bratensatz begießen.

Die Zwiebel schälen und hacken. Den Lauch putzen, waschen und in Ringe schneiden, die Möhre schälen und würfeln. Nach 1 ½ Stunden Schmorzeit das Gemüse zum Fleisch geben. Die Keule nach der Garzeit in Alufolie gewickelt 10 Minuten ruhen lassen.

Den Bratensatz mit dem Lammfond loskochen, mit Rotwein auf 375 ml aufgießen, aufkochen, die Sahne einrühren. Das Mehl in etwas Wasser rühren und die Sauce damit binden.

Tipp:
Servieren Sie zu dieser Lammkeule Rosmarinkartoffeln. Dazu nehmen Sie kleine Kartoffeln in der Schale, reiben sie mit Olivenöl und gehacktem Rosmarin ein und backen sie im Ofen etwa 40 Minuten.

Zubereitungszeit: ca. 20 Minuten
(plus Zeit zum Durchziehen und Schmoren)

SANGIOVESE *Italien*

Die Traube, die diesem Wein seinen Namen gibt, ist die wichtigste rote Rebsorte Italiens. Die Weine eignen sich vor allem als Begleiter von rotem Fleisch und Nudeln sehr gut.

Wissenswertes

Die Rebsorte wurde vermutlich bereits vor 2.500 Jahren von den Etruskern angepflanzt. Man nimmt an, dass sie entweder in der Toskana oder in der Emilia-Romagna ihren Ursprung hat und aus einer Kreuzung der Sorten Ciliegiolo und Calabrese di Montenuovo entstanden ist. Namentlich erwähnt jedoch wurde die Sorte erst im 19. Jahrhundert in einem für lange Zeit gültigen Chiantirezept des Barons Ricasoli.
Heute ist Sangiovese fast überall auf dem italienischen Festland verbreitet. Unter dem Namen Nielluccio wird sie aber auch auf Korsika angebaut, darüber hinaus wurde sie von italienischen Auswanderern nach Argentinien gebracht. Dazu findet man sie auch noch in nennenswerten Mengen in Kalifornien, Australien und sogar Rumänien.
Der Name Sangiovese bedeutet so viel wie „Blut von Jupiter" (Sanguis Giove), da man früher der Überzeugung war, dass dieser römische Gott die Sorte nach Italien gebracht habe.

Die Hauptaromen

Im Allgemeinen weist Sangiovese Aromen von Kirschen, Johannisbeeren und Preiselbeeren auf, dazu kommen würzige Noten wie etwa der Duft von frischem Thymian. Im Mund präsentiert sich der Wein feinfruchtig, würzig und mit oft kräftigen Tanninen, die ihn auch gut lagerfähig machen könnten. Die Weine sind in der Jugend von rubinroter Farbe und tendieren nach längerer Lagerung in Richtung granatrot.

Die Besonderheiten

Sangiovese ist nicht nur Hauptbestandteil des Chianti, sondern auch die wichtigste Sorte der berühmtesten Weine der Toskana wie etwa dem Vino Nobile di Montepulciano.

Die beste Trinktemperatur

8–10 °C

Käseempfehlung

Wie der Chianti ist auch der Sangiovese ein nahezu idealer Wein zu Parmesan oder ähnlichen Hartkäsen. Außerdem schmeckt er zu einem gereiften Peccorino sowie zu einem alten Gouda.

Zu diesen Speisen passt der Wein

Pasta in allen Variationen
Pizza
gegrilltes Fleisch
gebratene Kalbsleber
Pilzgerichte
Rindfleisch
Wild in allen Variationen

TORTELLINI MIT PILZ-SAUCE

Für 4 Portionen

500 g Tortellini
Salz
180 g Champignons
1 kleine ungespritzte Zitrone
60 g Butter
1 Knoblauchzehe, zerdrückt
320 ml Sahne
1 Prise Muskat
3 El frisch geriebener Parmesan
Pfeffer

Die Tortellini in einem großen Topf mit reichlich Salzwasser bissfest kochen. Abtropfen lassen, wieder in den Topf geben und warm halten. Die Pilze putzen und in feine Scheiben schneiden. Die Zitronenschale abreiben. Die Butter in einem Topf zerlassen und die Pilze 2 Minuten bei mittlerer Hitze dünsten. Den Knoblauch, die Sahne, die geriebene Zitrone und den Muskat zugeben, dann mit schwarzem Pfeffer aus der Mühle abschmecken. Den Parmesan unterrühren und die Sauce 3 Minuten köcheln lassen.

Die Sauce an die Pasta gießen und vorsichtig vermengen. Die Pasta auf Teller geben und mit etwas Pfeffer bestreuen.

Zubereitungszeit: ca. 25 Minuten
(plus Brat-, Schmor- und Garzeit)

SHIRAZ *Australien*

Dieser Rotwein weist viel Frucht und Würze auf. In der Küche ist er ein gehaltvoller Begleiter nicht nur zu dunklem Fleisch, er harmoniert ebenso mit würziger vegetarischer Küche.

Wissenswertes

Im Grunde hat Australiens Weinbau eine kriminelle Vergangenheit. Zu Beginn des 19. Jahrhunderts war es nämlich die Aufgabe von deportierten englischen Sträflingen, umfangreiche Rebflächen anzulegen. Als Pionier der australischen Winzer gilt aber der schottische Einwanderer James Busby, der 1822 ein Handbuch über den Weinanbau in Down Under verfasste und Hunderte Rebstöcke diverser Sorten importierte.

Eine wichtige Rolle spielten außerdem die Deutschen. Im Jahre 1841 ließen sich Auswanderer aus Schlesien im Barossa Valley nieder und verdienten ihren Lebensunterhalt mit der Weinproduktion. Die ersten Shirazstöcke wurden vermutlich 1832 von Frankreich aus eingeführt. Dort heißt die Rebsorte übrigens Syrah.

Die Hauptaromen

Ein typischer Shiraz aus Australien oder Kalifornien strotzt förmlich vor Kraft. Seine Fruchtaromen erinnern oft an Pflaumen, Brombeeren, Himbeeren, Maulbeeren, Lakritze, Schokolade, Pfeffer, Kräuter, gelegentlich auch an Menthol und Zimt. Wenn er etwas älter ist, können sich dazu noch Aromen von Tabak, Kaffee, Leder, Pfeffer, Minze und Paprika entwickeln. Im Mund präsentiert er sich mit vielschichtiger Frucht, feinen Kräuternoten, starkem Körper, weichen Tanninen und einem fruchtigen Nachgeschmack.

Die Besonderheiten

Die Farben der jüngeren Jahrgänge können von mittleren Rot- bis zu tiefen Lilatönen und beinahe Schwarz bei den Spitzenqualitäten reichen.

Im Allgemeinen gilt Shiraz als gut lagerfähiger Wein und da er heißes Klima liebt, könnte er zu einem Gewinner des zu erwartenden Klimawandels werden.

Die beste Trinktemperatur

16–18 °C

Käseempfehlung

Der Wein harmoniert mit Weichkäsesorten, die weißen Schimmel aufweisen, also Camembert und Brie. Er kann aber durchaus ebenso zu altem Gouda getrunken werden.

Zu diesen Speisen passt der Wein

Lammkeule
Rinderbraten
Schmorbraten
Zickleinbraten
kräftig gewürzte Aufläufe
Hirschsteaks
Wildschweinbraten

REHKEULE BÜRGERLICH

Für 4 Portionen

1,2 kg Rehkeule von einem jungen Reh
Salz
Pfeffer
1 Schalotte
1 Möhre
2 El Öl
ca. 200 ml Gemüsebrühe
80 g fetter Speck, in Scheiben geschnitten
150 g saure Sahne
1 El Senf
2 El Preiselbeerkompott

Fleisch salzen und pfeffern. Schalotte und Möhre schälen und klein würfeln.

Die Rehkeule in Öl kräftig anbraten. Schalotte und Möhre ca. 3 Minuten mitbraten, die Hälfte der Brühe angießen.

Keule mit Speck belegen und zugedeckt ca. 20–30 Minuten gar schmoren. Das Fleisch sollte innen noch rosa sein.

Fleisch herausnehmen, Speck entfernen und den Bratenfond mit der restlichen Brühe aufkochen. Etwas einkochen lassen, mit Sahne, Senf und Preiselbeerkompott verrühren und abschmecken. Dazu passen Schupfnudeln.

Zubereitungszeit:
ca. 15 Minuten (plus Schmor- und Bratzeit)

SPÄTBURGUNDER *Deutschland*

Was der Riesling qualitativ für die Weißweine bedeutet, verkörpert der Spätburgunder, auch Pinot Noir genannt, unter den Rotweinen: Er ist ein Wein für gehobene Ansprüche.

Wissenswertes

Die ursprünglich nur in Westeuropa vorkommende Rebsorte wurde wahrscheinlich schon zu Römerzeiten kultiviert. Karl der Dicke brachte die Sorte 884 aus Burgund an den Bodensee. Von dort aus machte sie Karriere. Im 13. Jahrhundert wurde die rote Sorte im Rheingau angepflanzt. Seit den 1990er Jahren wuchs die Spätburgunderfläche um 3.000 Hektar an. Somit stehen in Deutschland rund 12.000 Hektar Rebflächen im Ertrag, ein Anteil von über zehn Prozent der Gesamtfläche. Fast die Hälfte davon ist in Baden angepflanzt.

Die Hauptaromen

Der typische Spätburgunder hat einen leicht süßlichen Duft nach roten Früchten, von Erdbeere über Kirsche und Brombeere bis hin zur schwarzen Johannisbeere. Bei Barriqueweinen kommen Noten von Vanille und Zimt hinzu.

Spätburgunderweine schmecken vollmundig und samtig, haben ein fruchtiges Aroma und dazu Anklänge von Mandeln. Man unterscheidet den klassischen und den modernen Typ. Traditionell wurden Spätburgunder aus hochreifen Trauben gewonnen, waren nicht sehr farbintensiv, mild, gerbstoffarm und von rostroter Farbe. Der moderne Typ aber bietet durch bessere Arbeit im Weinberg und im Keller ein kräftigeres Rot, mehr Gerbstoff und weniger Säure.

Die Besonderheiten

Die Sorte wird vornehmlich als trockener Rotwein ausgebaut, teilweise aber auch mit einer gewissen Restsüße. Aber die edle und sehr alte Sorte verlangt viel Sorgfalt und stellt hohe Ansprüche an Klima und Boden. Sind die Wachstumsbedingungen jedoch gut, läuft sie zur Hochform auf und liefert Rotweine, die zu den besten der Welt zählen.

Die beste Trinktemperatur

16–18 °C

Käseempfehlung

Zu mildem Hartkäse und mildem Schnittkäse ist der Spätburgunder ein sehr guter Begleiter. Am besten schmeckt er zu Emmentaler, Edamer, Tilsiter und Gouda. Aber auch zu Weißschimmelkäse, etwa Camembert und Brie, kann er sehr gut passen, wenn er etwas kräftiger ist.

Zu diesen Speisen passt der Wein

Wurstplatten
kräftige Fischgerichte
Rinderbraten
Kurzgebratenes
Ente mit Rotkraut
Wildgeflügel

SCHWEINEKRUSTEN-BRATEN

Für 4 Portionen

1 kg Schweinebraten
(aus der Schulter mit Schwarte)
Salz
Pfeffer
gemahlener Kümmel
1 Bund Suppengrün
1 Zwiebel
1 Lorbeerblatt
Saucenbinder hell

Den Backofen auf 220 °C (Umluft 200 °C) vorheizen. Das Fleisch waschen, trocken tupfen und mit Salz, Pfeffer und Kümmel einreiben. Den Braten anschließend mit der Schwarte nach unten in einen Bräter legen. 150 ml Wasser angießen und im Ofen etwa 30 Minuten anbraten.

Das Suppengrün putzen, waschen und kleinschneiden. Die Zwiebel schälen und würfeln.

Das Fleisch aus dem Bräter nehmen und die Schwarte rautenförmig einschneiden. Gemüse, Zwiebel und Lorbeerblatt in den Bräter geben, das Fleisch mit der Schwarte nach oben darauflegen. Im Ofen bei 200 °C (Umluft 180 °C) etwa 1 Stunde 10 Minuten schmoren. Nach Bedarf Wasser zugießen. 15 Minuten vor Ende der Garzeit die Kruste mit Salzwasser bestreichen. Nach Ende der Garzeit Fleisch aus dem Bräter nehmen und 10 Minuten ruhen lassen.

Den Bratenfond mit Wasser loskochen und durch ein Sieb gießen. Aufkochen und mit Saucenbinder andicken. Mit Salz und Pfeffer abschmecken.

Schweinekrustenbraten in Scheiben schneiden und mit der Sauce und Klößen servieren.

Zubereitungszeit: ca. 25 Minuten
(plus Gar- und Schmorzeit)

SYRAH *Frankreich*

Diese uralte Rebsorte hat mittlerweile bei Liebhabern kraftvoller Rotweine einen ausgezeichneten Ruf. Der Wein passt zu Lammgerichten aller Art sowie zu Wild und zu Fleisch mit kräftigen Saucen.

Wissenswertes

Wozu Genforschungen alles gut sein können ist schon erstaunlich. Bis vor wenigen Jahren nahm man an, dass der Syrah nach der persischen Stadt Shiraz benannt wurde. Der Legende nach sollen die Teilnehmer der Kreuzzüge die Rebe von dort mitgebracht haben. Nach anderen Meinungen soll sie bereits 1.000 Jahre zuvor auf auf Initiative des Kaisers Probus eingeführt worden sein. Andere Historiker wiederum waren davon überzeugt, dass der Syrah aus Syrakus auf Sizilien stammt. Zur Begründung führten sie an, dass daher auch die Synonyme wie Schiras, Sirac, Syra oder Sirah erklärt werden könnten. Dank genetischer Untersuchungen ist man sich heute allerdings ziemlich sicher, dass die Sorte eine Kreuzung zweier alter, längst uninteressanter Reben aus dem Tal der Rhône ist. Wer jedoch immer auch dafür verantwortlich zeichnete, hat der Weinwelt eine Rebsorte beschert, die zu den besten der Welt zählt.

Die Hauptaromen

Die Weine duften im Allgemeinen nach würzigen Noten, Kirschen, Johannisbeeren und Himbeeren und weisen Anklänge von Pfeffer auf. Sie sind stets dunkel in der Farbe, tanninreich und elegant würzig, aber auch schwer und vollmundig, mit würzigen Beerenaromen im Mund. Nach einiger Lagerung entwickeln sich darüber hinaus noch ausgeprägtere Pfefferaromen und mitunter so genannte „fleischige" Noten, was bedeutet, dass sie manchmal an den Geruch von gut abgehangenem Fleisch erinnern können.

Die Besonderheiten

Syrah wird heute in vielen wärmeren Regionen Europas angepflanzt. In Australien und den anderen Ländern der Neuen Welt wird diese Sorte ebenfalls erfolgreich angebaut. Dort nennt man sie aber Shiraz.

Die beste Trinktemperatur

16–18 °C

Käseempfehlung

Der Syrah harmoniert mit der Cremigkeit von Weichkäsesorten mit weißem Schimmel wie würzigere Camemberts und Briekäse. Er passt außerdem sehr gut zu altem Gouda.

Zu diesen Speisen passt der Wein

pikantes Gulasch
Steaks
Lammbraten
Zicklein mit kräftigen Saucen
kräftig gewürzte Aufläufe
Wildgerichte aller Art

SCHMORTOPF MONT VENTOUX

Für 6 Portionen

150 g geräucherter, durchwachsener Speck
1 große Zwiebel
5 Knoblauchzehen
2 Rosmarinzweige
10 frische Thymianzweige
je eine Handvoll grüne und schwarze Oliven
1 Tasse getrocknete Pflaumen
je 400g mageres Rind- und Lammfleisch
6 El Öl
1 Tasse ungeschwefelte Korinthen
½ l Rotwein
1 El grüner Pfeffer
Salz
250 ml Sahne
10 cl Cognac

Den Backofen auf 200 °C (Umluft 180 °C) vorheizen. Den Speck in Würfel schneiden. Zwiebel und Knoblauch schälen und ebenfalls in feine Würfel schneiden. Rosmarin und Thymian waschen, trocken schütteln und die Blättchen von den Stielen zupfen. Oliven entsteinen. Getrocknete Pflaumen entkernen und ebenfalls in kleine Stücke schneiden.

Fleisch waschen, trocken tupfen, parieren, würfeln und in heißem Öl portionsweise anbraten, bis es von allen Seiten gebräunt ist. Unter ständigem Rühren den gewürfelten Speck und die gewürfelte Zwiebel hinzugeben und anbraten, bis sie glasig sind.

Oliven, Knoblauch, Thymian, Rosmarin, Pflaumen und Korinthen zum Fleisch geben und alles mit Rotwein ablöschen. Den Schmortopf zudecken und für 40 Minuten in den vorgeheizten Backofen schieben. Anschließend mit grünem Pfeffer und Salz würzen, die Sahne und den Cognac dazugeben, gut durchrühren und weitere 20–25 Minuten im Ofen ziehen lassen.

Dazu passen Endiviensalat und Baguette oder Safranreis.

Zubereitungszeit:
ca. 35 Minuten (plus Garzeit)

TEMPRANILLO *Spanien*

Diese Sorte gilt als die beste Spaniens und ist auch Hauptbestandteil der Rioja-Weine. Sie liefert feine, fruchtige Aromen und ist ein guter Partner von Tapas und Lammgerichten.

Wissenswertes

Der Ursprung der Sorte ist noch unbekannt, man geht aber davon aus, dass Rioja ihre Herkunftsregion ist. Möglicherweise kam sie aber auch über den Jakobsweg im 15. Jahrhundert nach Spanien.
Seinen Namen verdankt der Tempranillo jedenfalls einem Vergleich mit der Garnacha-Traube. Da er früher reift und die Beeren viel kleiner sind, bezeichnete man ihn Tempranillo, was so viel heißt wie das „Frühchen" oder der „kleine Frühe". Die Sorte wird auf den Etiketten beispielsweise auch als „Cencibel", so nennt sich der Tempranillo in La Mancha, oder, wie in Ribeira del Duero üblich, als Tinto del país angegeben.

Die Hauptaromen

Die Weine sind tiefrot und duften meist verführerisch nach Kirschen, Brombeeren und Erdbeeren, verbunden mit einer würzigen Note. Wenn sie im Holzfass ausgebaut wurden, kommen noch Aromen von Kaffee, Vanille und Kokosnuss oder Tabak hinzu. Im Mund präsentieren sie sich kraftvoll, betont fruchtig, mit feiner Säure und einer angenehmen Tanninstruktur.

Die Besonderheiten

Auf den Etiketten spanischer Weine stehen oft noch Begriffe wie „Crianza" oder „Joven". Letzteres ist die Bezeichnung für einen Jungwein, der bereits im Jahr nach der Weinlese verkauft wird und oft im Edelstahltank reifte. Crianza bedeutet, dass der Wein mindestens 24 Monate reifen musste, davon sechs Monate im Eichenfass und die restliche Zeit auf der Flasche.
Reserva wiederum reifte mindestens 3 Jahre, davon wenigstens ein Jahr im Fass. Gran Reserva muss dagegen 5 Jahre reifen, davon mindestens 18 Monate im Fass.

Die beste Trinktemperatur

16–18 °C

Käseempfehlung

Tempranillo ist ein angenehmer Begleiter zu weichen Käsesorten und schmeckt besonders gut zu den typischen spanischen Käsevarianten.

Zu diesen Speisen passt der Wein

spanischer Schinken
Tapas
Tortilla
Braten mit dunkler Sauce
Lammbraten
Lammkoteletts
kräftige Aufläufe

PINCHOS (BASKISCHE SPIESSE)

mit Artischocken und grober Chorizo

Für 6 Portionen
200 g grobe Chorizo
eingelegte Artischocken
Baguette

Chorizo in Scheiben schneiden. Artischocken abtropfen lassen. Brotscheiben rösten. Chorizo mit Artischockenherzen auf Brotscheiben spießen.

mit Tomaten und Salchichón

Für 6 Portionen
200 g Salchichón
getrocknete Tomaten
Tomatenviertel
Baguette

Salchichón in Scheiben schneiden. Je 2 Scheiben Wurst mit 1 Tomatenviertel und 1 getrockneten Tomate auf 1 geröstete Brotscheibe spießen.

mit Oliven und Chorizo

Für 6 Portionen
200 g feine Chorizo
grüne Oliven
Baguette

Die Chorizo in Scheiben schneiden und mit grünen Oliven auf Baguettescheiben spießen.

Zubereitungszeit:
jeweils ca. 10 Minuten (plus Röstzeit)

TROLLINGER *Deutschland*

Früher galt diese fast nur in Württemberg angebaute Sorte als schwäbisches Nationalgetränk. Doch heute ist der Trollinger in allen Bundesländern ein sehr beliebter Alltagswein.

Wissenswertes

Südtirol und das benachbarte Trentino gelten als die Urheimat dieser Rebsorte, allerdings wird sie dort „Vernatsch" genannt. Über die Alpen brachten sie die Römer zuerst an die Bergstraße und in die Pfalz.

Ab Mitte des 17. Jahrhunderts wurde sie auch in Württemberg heimisch. Während die Trollinger-Rebe aber in den anderen deutschen Anbauregionen längst keine Rolle mehr spielt, gilt sie im „Ländle" nach wie vor als die Hauptsorte. Trollingerweine gelten als besonders leicht bekömmlich. Daher werden sie nicht nur in Württemberg gerne zur deftigen Brotzeit getrunken, sie passen aber auch gut zu hellem Fleisch oder zu neutralem Frischkäse.

Die Hauptaromen

Die Kellermeister bauen die meisten Weine zu frischen, kernigen und bodenständigen Tropfen aus. Eine gewisse Restsüße verleiht den harmonischen Trinkweinen zusätzliche Süffigkeit. Die leichten, rassigen Weine benötigen keine mehrjährige Lagerung, sondern sind sofort trinkreif und machen jung am meisten Spaß. Ihr feinblumiger Duft weist einen zarten Muskatton auf, manchmal auch gepaart mit einem Aroma von Wildkirschen. Meist präsentieren sich die Weine im Glas in einem hellen Rot, in guten Jahren auch rubinrot.

Die Besonderheiten

An der „Schwabenmilch", wie vor allem ältere Württemberger ihre Hauptsorte nennen, scheiden sich die Geister. Da er seine Stärken als frischer, heller Rotwein, unkomplizierter Essensbegleiter und Sommerrotwein hat, wird er von Liebhabern kräftiger Rotweine gemieden. Daher wird der Trollinger nicht selten mit dem sehr viel körperreicheren und dunkleren Lemberger als Cuvée angeboten.

Die beste Trinktemperatur

8–10 °C

Käseempfehlung

Ein Trollinger und Käse sind nicht die stärksten Partner. Am ehesten passt er noch zu einem jungen Gouda.

Zu diesen Speisen passt der Wein

Salate mit Fleischstreifen
Fleischterrinen
Wurstplatten
leichte Gemüsegerichte
Nudeln mit Fleischsaucen
Grillhähnchen

LINSENEINTOPF

Für 4 Portionen

250 g getrocknete Linsen
1,25 l Brühe
1 Zwiebel
1 Lorbeerblatt
2 Nelken
250 g Speck
1 Bund Suppengemüse
400 g Kartoffeln
Salz, Pfeffer
Essig
Petersilie

Die Linsen waschen und in reichlich Wasser über Nacht einweichen. Das Einweichwasser abgießen und die Linsen mit der Brühe in einen Topf geben.

Die Zwiebel schälen, mit dem Lorbeerblatt und den Nelken spicken, dann zu den Linsen geben und aufkochen. Den Schaum abschöpfen. Die Linsen etwa 30 Minuten garen, dann die Zwiebel entfernen.

Den Speck würfeln, in einer Pfanne knusprig braten und dann herausnehmen. Das Suppengemüse und die Kartoffeln würfeln und im Speckfett andünsten. Danach alles zu den Linsen geben und weitere 30 Minuten garen.

Mit Salz, Pfeffer und Essig abschmecken und mit Petersilie garniert servieren.

Zubereitungszeit: ca. 20 Minuten
(plus Brat- und Garzeit)

ZINFANDEL *Kalifornien*

Die beliebte Rebsorte Zinfandel wurde bereits in den 1820er Jahren in den USA eingeführt und gelangte 1859 nach Kalifornien. Sie schmeckt vor allem bestens zu rotem Fleisch.

Wissenswertes

Ursprünglich brachte 1769 der spanische Mönch Junipero Serra die ersten Reben ins heutige Gebiet von San Diego. Bereits 1830 umfassten die Rebflächen der Missionsstation etwa 150 Hektar.

Die eigentliche Revolution in den Weingärten fand jedoch erst Mitte des 19. Jahrhunderts statt, als der Ungar Agoston Haraszthy, Gründer des Weingutes Buena Vista, in Sonoma 224 Hektar Land für den Weinanbau erwarb und dafür 100.000 Rebstöcke verschiedenster Sorten aus Europa kommen ließ. Deren Ableger verkaufte er außerdem an benachbarte Weinmacher, so auch nach Napa Valley, wo deutsche Kellerkünstler wie Jakob Beringer, Charles Krug und Joseph Schram arbeiteten. Obwohl auch in andren Bundesstaaten Wein angebaut wird, gilt Kalifornien als das Mekka der US-Weine. Denn in Kalifornien werden rund 90 Prozent der Landesproduktion erzeugt. Zu den besten Weinen aus diesem Bundesstaat zählt die Sorte Zinfandel.

Die Hauptaromen

Der Zinfandel weist eine ausgeprägte Fruchtigkeit auf und duftet meist nach Beeren, Kirschen und Pflaumen. Dazu kommen noch würzige Aromen, die mitunter an Pfeffer erinnern.

Die Besonderheiten

Weine aus bis zu 100 Jahre alten Anlagen gelten als kostspielige Rarität. Vom Zin, wie ihn die Amerikaner gerne abkürzen, werden außerdem betont fruchtige, unkompliziert trinkbare, manchmal sogar sehr feine Rosés hergestellt. Diese bezeichnet man in den Staaten wegen der mehr oder weniger hohen Restsüße zwar als „Lady-Wine", sie werden aber mittlerweile auch von vielen Männern, besonders in den wärmeren Monaten gut gekühlt getrunken.

Die beste Trinktemperatur

8–10 °C

Käseempfehlung

Der Zinfandel eignet sich gut zu Camembert und Brie, aber auch zu Emmentaler und halbfestem Schnittkäse.

Zu diesen Speisen passt der Wein

Pasta mit Fleischsaucen
Lasagne
Rinderbraten
Lamm
Ente
Gänsebraten

RUMPSTEAKS VOM GRILL

Für 4 Portionen

2 Knoblauchzehen
16 Schalotten
4 El Olivenöl
300 ml Rotwein
8 Rumpsteaks (à 120 g)
6 Sardellenfilets
Salz
rote Pfefferkörner

Knoblauch und Schalotten schälen, den Knoblauch hacken. Das Öl in einer Pfanne erhitzen und den Knoblauch mit den Schalotten darin anschmoren. Den Rotwein angießen und alles 10 Minuten köcheln.

Die Rumpsteaks waschen und trockentupfen. Die Sardellenfilets abspülen, trockentupfen und hacken, dann pürieren. Die Sardellenpaste auf dem Fleisch verteilen.

Die Fleischstücke in eine flache Form legen und mit der Rotweinmarinade übergießen. Über Nacht durchziehen lassen.

Fleisch und Schalotten aus der Marinade nehmen und abtropfen lassen. Die Schalotten auf 4 Spieße stecken. Die Rumpsteaks auf dem heißen Grill etwa 10 Minuten von beiden Seiten grillen. Die Schalottenspieße etwa 5 Minuten mitgrillen. Anschließend das Fleisch mit Salz und frisch gemahlenem rotem Pfeffer würzen.

Zubereitungszeit:
ca. 30 Minuten (plus Marinier- und Grillzeit)

REZEPTREGISTER